편지로 키운 아들,
군대 가서 웃다

아버지와 아들의 편지 소통법

박주찬

편지로 키운 아들, 군대 가서 웃다

초판 1쇄 인쇄 2025년 04월 30일
초판 1쇄 발행 2025년 05월 07일

지은이 박주찬 | **펴낸이** 황용철 | **편집총괄** 최영태 | **편집디자인** 박현준 | **표지디자인** 김희정
펴낸곳 (주)CNB미디어 | **출판등록** 1992년 8월 8일, 제 330-2005-00142호
주 소 서울시 서대문구 연희로 52-20 (연희동)
전 화 02-396-3733(편집부), 02-396-3737(영업부) | **팩 스** 02-396-7330

ISBN 979-11-87071-39-6
ⓒ 박주찬, 2025, Printed in Seoul, Korea

· 책값은 뒤표지에 있습니다.
· 파본이나 잘못된 책은 구입처에서 교환해 드립니다.
· 이 책은 저작권법에 따라 보호받는 저작물이므로 무단 전재와 무단 복제를 금지하며,
  이 책 내용의 일부 또는 전부를 이용하려면 반드시 사전에 저작권자와 출판권자의 서면 동의를 받아야 합니다.

추 천 사
내가 병사들에게 해주고 싶었던 말들이 가득

　이 책을 보면서 과거 지휘관 시절 부하 장병들에게 해주고 싶었던 이야기들이 대부분 들어있어 깜짝 놀랐다. 아들을 군에 보낸 아버지의 심정이야 다들 비슷하겠지만 이렇게 절절하게 아들에게 편지를 보내고 응원해준 저자의 마음 씀씀이와 식견에 존경의 마음을 보낸다.
　나는 39년간 군 생활을 했다. 군 생활을 시작한 20대에는 용사들과 함께 뛰고 뒹굴면서 그들의 애환을 많이 안다고 생각했었고, 30~40대 시절에도 그들과 늘 함께 호흡하며 이해하고 공감하고자 노력하였다.
　그러나 지나고 보니 내가 모르는 것들도 많았다. 체력을 단련하고 각종 훈련을 하면서 겪는 신체적인 어려움은 그다지 감당하기 어려운 일이 아니다. 피가 끓는 젊은 청춘들이 단체생활을 하면서 겪는 애로사항과 고충은 장교로 복무한 내가 다 이해하지 못한 측면이 있었던 것 같다.
　군대 내에서 각종 사건 사고가 발생한 후 원인 분석을 해보면 사고가 있기까지 여러 번 사전 징후가 있었음에도 미리 예방하지 못했다는 자책을 하게 된다. 그만큼 각자의 마음속 깊숙한 곳에 웅크리고 있는 문제점들을 들춰내 예방·차단하기는 쉬운 일이 아니다.

'1 : 29 : 300'이라는 하인리히 법칙이 있다. 대형 사고가 발생하기 전에 수십 차례의 가벼운 사고와 수백 번의 징후가 앞서 나타난다는 통계학적 법칙이다. 군 내부에도 이 법칙 적용이 가능하다고 본다. 가벼운 사고 뒤에는 많은 문제들이 잠재해 있는 것이다. 그것을 근원적으로 해결해 줘야 한다.

요즘 군대는 여러 가지 면에서 과거보다 근무 여건과 처우가 대폭 개선되었다. 그러나 과거를 겪어볼 수 없는 병사들에게 단순히 과거와 비교해 주는 건 별 의미가 없다. 당장 현실의 불편함과 애로사항이 참기 힘들 것이고, 상급자에겐 사소하게 보여도 하급자에겐 버겁고 힘겨운 짐일 수 있기 때문이다.

한편 수많은 도전과 역경들을 꿋꿋하게 이겨내며 국가와 국민을 위해 모범적인 경찰관으로 평생을 복무하였고, 또 아들에게 존경받는 아버지로서 화목한 가정을 이루어낸 저자의 삶 또한 장병들에게 인생의 훌륭한 길라잡이가 될 것이라 생각된다.

우리 병사들이 낯선 군대에 와서 마음 의지할 곳 없어 밤하늘의 별을 보며 누군가의 위로를 갈구할 때 이 책이 아빠의 입장에서 용사들의 마음을 따뜻하게 안아주고 위로해 줄 것으로 믿어 의심치 않는다.

부디 이 책이 군 생활을 하는 장병들에게 위로와 용기를 주는 마음의 양식이 되어주기를 염원해 본다.

예비역 육군중장 황대일

추천사

여의도에서 군에 간 아들을 생각하며

지난 겨울은 유난히도 매서웠던 시절로 기억될 것 같습니다. 어두운 한밤에 여의도에서 군인들을 마주했을 때 수많은 감정이 교차했습니다. 앳된 얼굴을 군모로 가린 청년들과 대치하던 그 순간, 무엇보다도 군에 보낸 아들 생각이 많이 났습니다. 지금쯤 아들은 무엇을 하고 있을지, 안전하게 잘 있을지, 그 엄혹한 상황에서도 아들을 걱정하는 아버지의 모습을 스스로 발견하고는 조금 놀랐던 기억이 납니다.

품속의 아이를 나라에 맡기는 것은 부모로서 또 한 번 성장하는 계기가 되는 것 같습니다. 다 큰 아들이어도, 입대하던 뒷모습에서 어린아이의 모습을 발견하고는 괜히 마음이 어지러웠던 날이 있었습니다. 부디 무탈하게 다녀오기를 바라는 마음에서 이런저런 잔소리를 했던 것 같기도 합니다. 낯선 곳에서 잘 지내면서 세상을 배워 스스로 단련해주길 바랐습니다. 그 바람처럼 아들은 어느새 듬직한 군인이자 청년으로 어엿한 태를 갖춰가고 있는 것 같습니다.

아버지의 마음은 다 그렇게 같은 모양입니다. 군에 간 아들에게 편지를 보낸 아버지의 뜻이 이 책에 고스란히 담겨 있어서, 읽는 내내 깊이 공감했습니다. 최전방에서 군 생활을 하고 오랜 시간 경찰관으로 재직하면서 청년들의 삶을 가장 가까이에서 함께해 온 저자이기에, 군에 간 아들의 고민을 더 깊이 이해하고 다독여줄 수 있었던 것 같습니다.

그래서 제게도 더 의미 있게 다가오는 책입니다. 오래전 군대를 다녀온 인생 선배이자 아버지로서, 오랜 통찰과 경험을 바탕으로 다정한 위로와 가르침을 전해주고 있어 저로서도 배우는 바가 많습니다. 아들과 저 사이에 오간 말들은 어떤 내용이었는지 다시 돌아보기도 했습니다.

지금 이 순간 군 생활을 열심히 하고 있을 청년들, 그리고 군에 자식을 보내둔 부모들이 이 책을 통해서 서로 마음 깊이 소통할 수 있었으면 합니다.

국회의원 한준호

한준호

추 천 사

군 청년들에게 이정표가 되는 책

아들이 군입대 하던 날. 신종플루의 공포 탓에 입영 행사도 취소되고 논산훈련소 입구에서 하고픈 말을 못다 한 듯, 무언가를 두고 떠나는 듯 엄마, 아빠를 쳐다보던 아들의 눈빛을 지금도 선명히 기억합니다.

21개월 후 무사히 군 생활을 마무리할 즈음 전역을 앞두고 마지막 휴가를 나와 들뜬 아들의 표정을 지켜보면서도 마음졸이며 기도하던 엄마의 마음…. 잊을 수 없는 아름다운 추억입니다.

제대하던 날 버스를 타고 오겠다는 아들의 고집을 꺾고 부대 앞에서 배낭 메고 책 읽으며 기다리던 아들을 태우고 집에 오면서 느꼈던 그 뿌듯함.

대한민국 병상으로 제대한 아들이 너없이 자랑스럽고 나 스스로 국가에 대한 의무를 다한 듯한 착각. 별 탈 없이 논산 훈련을 마치고 21개월간 무사히 군 복무를 완수한 아들에게 바쁜 엄마를 대신해 한 번이라도 면회를 가준 가족, 친척들. 여자친구 없던 오빠에게 자주 편지를 보냈던 우리 딸, 모두에게 감사 말씀을 새삼 전하고 싶어집니다.

이 책을 군 복무를 앞둔 청년들과 그 부모님, 가족들에게 소개하며, 공감의 시간대는 다르겠지만 같은 경험을 같은 환경에서 함께 했음이 우리 모두의 소중한 인생 자산이 될 것으로 생각합니다.

아울러 평생을 좌절하고 넘어지면서도 이에 굴하지 않고 오늘까지 당당하게 잘 버텨준 저자의 경험담들은 군 생활을 하는 청년들에게 이정표가 되고 가르침이 되리라 믿습니다.

더자인 종합병원 이사장 류은경
(現 대한의료법인연합회 회장)

CONTENTS

추천사 · 4
프롤로그 · 16

1부: 군에 간 아들에게 보낸 편지들 27

아들이 이등병일 때 보낸 편지들

어차피 혼자 가야 · 32
입대해 자대 배치 뒤 처음 한 달은 누구나 힘든 시기다 · 34
혹독해야만 꽃 피우는 '춘화 현상' · 36
군대 생활과 모죽 · 38
장애도 극복하는데 · 40
두려움의 본질은 막연한 두려움 · 44
성공한 사람과 실패한 사람의 차이 · 46
관심병사(고문관)라는 게 있단다 - 학습된 무기력 · 48
산에서도 인생을 배운다 · 52
누구에게든 웃는 얼굴로 인사를 잘해야 · 54
말하기 전에 항상 세 번 생각하는 습관을 · 56
수처작주 입처개진(隨處作主 立處皆眞) · 58
누구나 감정 기복이 있는 게 정상이다 · 62
항상 메모하는 습관을 · 64
자투리 시간을 잘 활용해라 · 66
포기하고 싶을 때 한 걸음 더 가봐라 · 68
스스로 변하지 않으면 도태된다 · 70

약속 잘 지키는 것은 기본 중에 기본이다 · 72

지금 네 주변 사람들에게 너무 상처받지 말아라 · 74

사소한 일에 목숨 거는 우를 범하지 마라 · 76

너는 너답게 사는 용기가 필요하다 · 78

자유로움에도 기본기가 있단다 · 80

경험은 최고의 스승 · 82

헤어짐을 받아들일 줄 알아야 한다 · 84

어릴 때 폭풍우도 나이 들면 가랑비란다 · 86

잠을 잘 자는 것도 삶의 중요한 전략이다 · 88

아들이 상병일 때 보낸 편지들

어디서나 친구 만들기가 쉽지 않다 · 92

뭔가를 잘하는 사람들은 다 요령이 있더라 · 94

무슨 일이든 성공하려면 지독한 열정이 있어야 · 96

체면상 하는 말의 속뜻을 잘 알아차려야 한단다 · 98

매사에 작심3일이 되지 않도록 노력해라 · 100

남을 함부로 비난하지 마라 · 102

널 무시하는 놈이 있다면 반드시 담판을 지어라 · 104

어떤 일이 있어도 군대 폭력만은 절대 안 된다 · 108

술자리는 즐겁게 그러나 절대 안전하게 · 110

독서를 생활화해야 하는 이유 · 112

무지하면 자신을 못 지킬 수도 있다 · 114

너의 재능을 살리는 것이 중요하다 · 116

지금부터라도 창의성을 키우고 도전하며 살아라 · 118

살아보니 세 번의 중요한 시기가 있더라 · 120

학창 시절을 잘 보내는 것이 무척 중요하다 · 122

군대 생활과 자존심 · 124

너만의 행복 기준을 만들어라 · 126

인생의 행복은 성적순이 아닌 것 같다 · 128

기다림을 즐길 줄 아는 지혜 · 130

사소한 돌부리에 넘어진다 (특히 보고와 관련해서) · 132

스토킹은 범죄니 절대 안 된다 · 134

결혼에는 그 무엇보다 신중하고 또 신중해라 · 136

100-1=0 · 138

어른들을 찾아뵐 때는 빈손으로 다니지 마라 · 140

낭중지추(囊中之錐) · 142

2부: 군 생활에 참고하면 좋을, 아빠의 시련과 좌절 경험들

청소년 시절
    고등공민학교 - 교복은 입지만 정식 학교가 아닌 중학교 · 150
    한국일보 배달 소년 - 박 대통령 서거 · 157
    1987년 12월 대통령 선거 - 필승 작전(100% 참여에, 100% 1번) · 159

고난의 고시 공부 7년 - 어쩌면 그렇게도 안 풀렸을까
    뱀 주사위 놀이 - 아들에게는 이런 일이 없었으면 좋겠다 · 164
    지금 아들 나이쯤에 '맨땅에 헤딩' · 168
    이 얘기는 못 들어 봤을 거야 - 한 많은 역선택 · 171
    아빠가 네 할머니에게 큰 죄를 지었다 · 173
    차마 네 엄마한테도 할 수 없었던 얘기 - 죽고 싶었던 순간들 · 175
    왜 경찰관이 되었냐면 - 이것이 운명인가 보다 · 178
    어머니 왜 하필 그때 그렇게 가셨습니까? · 181

경찰 생활 28년 - 별일이 다 있었다
    경찰이 되어보니 - 경찰에 대한 소회들 · 186
    경찰관의 유형 - 좌뇌형 경찰과 우뇌형 경찰 · 191
    경찰관의 자존심 - 짭새라구요? · 193
    인간 존엄을 실천하는 경찰 - 어떻게 근무할 것인가? · 195
    마석도 형사는 어디에? - 경찰의 소통과 개인 역량 · 198
    경찰 만능주의 - 경찰은 신이 아닙니다! · 200
    녹색어머니 회원들의 봉사에 감사드립니다 · 203

보육원 아이들 - 품어주고 싶었습니다 · 205

평창올림픽 - 김영철 북측 대표를 위한 피 말리는 에스코트 · 208

경찰 승진 시험 - 다 맞힌 것 같은데 확인해보면 틀리는 · 213

심근경색과 기사회생 · 216

승진자 명단이 바뀌었다 - 정말 해도 너무 했습니다 · 219

총경 승진 위한 고군분투 - 잔인한 운명이지만 받아들일 수밖에 · 222

살면서 겪은 너무나 감사한 일들 - 하느님 감사합니다

무전여행 1 - 제주도 바다에서 죽을 뻔했던 이야기 · 228

무전여행 2 - 새우잡이 어선에 끌려가기 일보직전에 · 231

무월광 작전 - 군에서 스스로 장애인 될 뻔하다니 · 234

무의도 사건 - 가두리양식장에 갇혀 물은 차오르는데 · 238

대구 지하철 참사 - 집사람과 5살 딸이 현장에 있었다 · 241

아파트 청약 당첨 - 492 대 1의 大행운 · 244

다선 레스토랑 - 그 인연에 감사합니다 · 246

스승의 은혜에 감사드립니다 · 249

쉽살재빙(쉽게만 살아가면 재미없어 빙고~) · 252

아들이 아버지에게 보내는 편지 · 256

에필로그 · 260

PROLOGUE

    대한민국 남자라면 병역의 의무는 피할 수 없는 숙명이다. 그리고 아들을 둔 부모들에게도 군대라는 이미지는 썩 내키지는 않으나 언젠가 해치워야 할 아들의 성인 의식 같은 부담으로 인식되는 것 같다.

    나 역시 군에 갈 때 아쉽다 못해 서러워하셨던 어머니의 눈물과 내 손을 차마 놓지 못하시던 어머니의 그 손길을 기억한다. 그러다 어느덧 나에게도 아들을 군에 보내야 하는 시간이 다가왔다. 외모도 나를 똑 닮아 더 정겹고 사랑스러운 나의 아들도 군대에 갔다. 그것도 추운 한겨울에.

    아들이 막상 군대에 간다고 하니 과거 내가 군대에 갈 때보다 심적 부담이 더 컸던 것 같다. 나는 크게 고민하지 않고 입대를 했던 것 같은데 옆에서 지켜보는 부모 마음은 또 다른 것 같다. "잘 해내겠지~, 잘할 거야~."

    나는 과거 최전방 철책선을 지키는 부대에서 군 생활을 했다. 또한 약 28년의 경찰관 생활을 하면서 특히 전·의경(전경과 의경) 부서에서 근무를 많이 했다. 평소에도 전·의경들과 함께 근무했지만 그중 7년간은 전·의경들을 직접 관리하고 보살피는 책임을 맡았었고, 그중 2년간은 서울경찰청 전의경 교육대에서 전·의경 교육만 전담하는 교육팀장이기도 했다.

　논산훈련소 4주 훈련을 마치고 전·의경으로 근무할 신병들이 각 시도별 전의경 교육대에 입소해 경찰 관련 전문교육을 받는다. 한 번에 300~500명이 입소하여 3주간 각종 기본 훈련과 경찰 관련 기본 소양을 배운다. 그곳의 책임자로 근무하면서 탈영하는 신병부터 각종 신체적, 정신적 아픔을 호소하는 신병들과 함께 호흡하며 지냈다.

　그 외에도 몇 년간은 기동대 소대장이나 중대장을 하면서 그들과 함께 부대끼며 지냈다. 그러면서 세 번이나 탈영하는 경우를 봤고, 구타나 따돌림 등으로 힘들어하는 경우를 많이 봐왔다. 그러면서 그 문제들을 해결하기 위해 개별적인 상담도 많이 했었고 나 혼자 고민도 많이 해봤다.

　내가 군 생활을 할 때는 느껴보지 못했던 다양한 고민들, MZ세대라 불리는 그들만의 정서, 그리고 멀쩡하게 아무 문제 없이 잘 자라다가 군대라는 너무나도 낯선 조직에 들어와서 적응하지 못해 힘들어하고 당황해하던 그 눈빛들, 특히 엄마와 여동생 얘기를 꺼내다 자책하고 죄송해하며 굵은 눈물을 훔치던 그들의 막막함과 절박함을 외면할 수 없어 많은 고민을 했었다.

나는 그 아이들에게 "지금 군 생활을 혼자 하는 게 아니다. 집에서는 가족들이 '지금쯤 밥을 먹겠구나, 이젠 잠자리에 들겠구나' 생각하며 늘 함께하고 있고, 비가 오나 눈이 오나 마음으로 함께 하며 사실상 군 생활을 같이한다"라며 잘 버텨 달라고 했다. 또한 단체 생활이라는 군대 특성상 어떻게 생각하고 어떻게 행동할지에 대해 많은 조언을 하고 격려를 했었다.

나는 살아오면서 많은 편지를 써왔다. 아이들이 태어나기 전에는 집사람에게 많은 편지를 썼었고, 남매가 태어나면서 아이들에게도 많은 편지를 써 보내기도 하고 받으며 살아왔다. 그중 아들 녀석에게 특히 많은 편지를 써왔다.

내가 이렇게 많은 편지를 써온 이유는 유독 좌절과 실패가 많은 고단한 삶을 살아왔기 때문인 것 같다. 어렵고 궁핍한 학창 시절을 보냈고, 이를 극복해보고자 죽을힘을 다해 고시에 매달렸건만 고시 1차를 네 번이나 합격하고도 불운이 겹치면서 끝내 뜻을 이루지 못했다. 경찰 간부로 입직했으나 유독 승진과 관련해서는 납득 못할 시련들을 많이 겪었다.

나는 힘든 일이 있을 때 술에 의지하지 않으려고 노력한다. 분하고 억울할 때는 속이 후련해질 때까지 낙서도 하고 그림도 그리고 편지를 쓰곤 했다. 이때 써놓은 것들을 상황에 맞게 아이들에게 편지로 보내곤 했다. 타고난 잔소리꾼인 셈이다. 그러나 반응이 나쁘지는 않았다.

이 책은 1부와 2부로 구성되어 있다. 1부에서는 아들이 낯선 군 생활을 하면서 혼란스럽고 난감할 때 참고가 될법한 글들을 정리했다.

낯선 항해처럼 예측할 수 없는 다양한 일들을 겪을 아들에게 이 글들이 마음속의 닻(anchor)이 되어 스스로 마음을 다잡는 데 조그만 도움이라도 되었으면 하는 바람이다. 글 내용은 대부분 과거 아들에게 편지로 보냈던 것을 재구성했거나 평소에 아들을 생각하며 써놓은 것들이다.

2부에서는 내가 경험했던 일들 중 힘들었던 일들, 그리고 감사했던 일들을 구분하여 정리했다. 특히 그동안 내가 실패하고 좌절했던 사례들과 이를 극복해온 얘기들은 아들이 군에서 부득이 맞닥뜨릴 시련들을 극복하는 데 도움이 되리라 믿는다.

누구나 군 생활을 하다 보면 때론 안 내키고 때론 억울한 일들을 감내하고 이겨내야 한다. 그럴 때 이 책이 우리 아들과 그 또래들에게 군 생활 동안 자기 정체성을 잃지 않으면서도 동료들과 서로 양보하고 공존하는 데 필요한 식견을 갖추는 데 조금이라도 도움이 되었으면 좋겠다. 좀 더 욕심을 낸다면 무리 속에서 비로소 마주하게 될 본인의 단점들을 하나씩 극복해나가고 자신을 성숙시키는 데 조그만 아이디어라도 줄 수 있다면 큰 보람이겠다.

2025년 2월
자식을 군에 보내고 가슴 졸이던 아빠가

여 는 글

군·경찰 청년들이 좌절한 사례들

필자는 군을 마치고 경찰관으로서 지난 28년간 근무했고, 특히 경찰 기동대를 지휘하면서 젊은 경찰관들의 고민과 사고를 현장에서 목격해 왔다. 군과 경찰에서의 이런 경험을 토대로 과거 실제로 군에서 일어났던 사례들을 소개한다. 군대에서 있을 수 있는 사고들을 미리 가늠해보고, 심적 대비를 통해 이런 사고를 미리 방지하는 데 도움이 되었으면 하는 마음에 몇가지 사례들을 소개한다.

1) 탈영한 사례

22세, 지방 국립대를 다니다 입대할 때까지는 지극히 정상적이고 평범한 아이였다. 아빠도 군인이었고 엄마도 자애로운 분이었다. 훈련소에 입소하면서부터 행동을 제약받고 동기들과 묶여 취급받는 것이 너무 답답하고 힘들었다고 한다. 내가 교육팀장으로 있던 전·의경 교육대에서 입소 3일 만에 탈영하여 죽으려고 5일간 개울물 외에는 아무것도 먹지 않고 탈진해 있다가 극적으로 구조되었다.

2) 학교 시절 왕따로 군대에 적응 못 하는 사례

이 친구는 중학교 때부터 심하게 왕따를 당했고 고등학교는 자퇴하고 검정고시를 거쳐 대학에 갔다. 입대 전에는 웹 소설을 썼다고 한다. 학교 시절의 심한 왕따 경험 트라우마로 훈련소부터 적응하지 못하고 군 생활 내내 선임 및 동기들과도 관계가 틀어지면서 군대 생활이 감옥처럼 느껴진다는 말을 자주 했다.

3) 외국에서 오래 생활해 적응 못 하는 사례

이 친구는 어려서부터 외국에서 지내다 입대했는데 적응하지 못했다. 수시로 면담을 요청하고 답답하고 불편하니 혼자 있고 싶다는 호소를 자주 했다. 군대는 본인을 괴롭히는 곳이고 선임병을 보면 가슴이 뛰며 호흡이 빨라지고 생활실은 감옥과 같아 자살 충동을 느끼며 지냈다.

4) 자존심이 강해 적응하지 못한 사례

군대 입대 전에는 나름 학교에서나 친구들 간에 인정받고 남들에게 싫은 소리를 들을 이유가 없던 아이였다. 군대에 들어와서는 나이도 어린 선임이 반말을 하고 훈련 중 실수를 하면 "그것도 모르냐, 병신같이"라는 말에 감정이 폭발해 말대꾸하거나 불만을 표시하며 선임들과 사이가 벌어졌다. 수시로 감정적인 대립을 보이며 죽고 싶다는 말을 자주 했다.

5) 늦은 나이에 입대하여 부적응한 사례

이 친구는 외국에서 박사 과정까지 다니고 결혼까지 한 상태에서 입대했다. 어린 선임들에게 인격적인 모욕과 무시를 당하면서 "죽고 싶다. 나보다 못한 동생들에게 이런 무시를 당하면서 군 복무를 해야 하는지 모르겠다. 내가 죽어야 끝날 것 같다"라는 말을 자주 했고 억울함을 호소했다. 꽤 오랫동안 적응을 하지 못해 여러 사람이 고생을 많이 했다.

6) 인지력이 다소 떨어져 적응 못 한 사례

대학을 다니다 입대했는데 부대에서 임무를 받으면 이해를 잘못하여 실수를 반복하곤 했다. 당직 근무 때마다 인원 현황과 총기 현황 파악이 틀리고 지시사항을 엉뚱하게 전파하여 곤란한 상황을 만들곤 했다. 심리검사 결과 지능이 낮고, 잦은 실수로 불안과 분노를 보이며, 자책으로 인한 심각한 우울증에, 타인에 대한 공격성이 높아 늘 관심병사로 지냈다.

7) 성추행으로 괴로워하던 사례

"제가 침대에서 자고 있는데 선임이 제 바지 속으로 손을 넣어 만졌는데 너무 당황하여 말도 못 하고 계속 눈도 못 뜬 채 자는 척하며 10분가량을 그렇게 당했습니다." 이 친구는 치욕감과 수치심에 누구한테 말도 못 하고 괴로워하며 죽고 싶다고 했다. 이런 성추행 사건은 당사자가 군 생활에 잘 적응하고 있는 경우보다는 적응하지 못해 주변에서 인정받지 못한 병사에게 자주 발생하는 것 같다.

8) 생활관 선·후임들에게 인정받지 못해 공격성을 보인 사례

이 친구는 입대 전에는 별다른 이상이 없었는데 부대에 전입해 오면서부터 실수가 잦아져 선임들과 동기, 심지어는 후임들에게도 인정받지 못하면서 심한 공격성을 보인 사례이다. "총으로 다 쏴 죽이고 나도 죽으면 그만이다." 이 친구가 흥분하면 한 번씩 소리치며 하는 말이다. 이 친구도 군 생활 내내 상담을 받으며 힘들게 지냈다.

9) 여자친구와 헤어지면서 힘들어한 사례

이 친구는 입대 전 2년간 사귀던 여자친구가 떠날까 봐 전전긍긍하며 군 생활에 집중하지 못했다. "여자친구가 보고 싶어요. 군대에 갇혀있는 동안 여자친구를 볼 수가 없어서 너무 답답합니다." 이 병사는 하루 일과가 끝나면 여자친구와 통화하는 것이 유일한 낙인데 여자친구와 통화가 안 되면 불안해하며 집중하지 못했다. 결국 이 친구는 군 생활 중 여자친구가 떠났고 심각한 우울증과 함께 늘 불안한 관심병사로 지냈다.

10) 동성애자로서 힘들었던 사례

본인 스스로 동성애자임을 밝히기도 어려울 뿐더러 밝힌다 해도 동성애자의 애로사항에 대해 충분히 배려받기 어렵다. "훈련소에서 훈련을 마치고 동기들과 함께 옷 벗고 들어가는 것이 정말 수치스러웠습니다. 그러다 자대에 와서 선임들이 여자 같다고 하면서 저를 만지려 하면 정말 소름이 끼칩니다." 이런 경우는 특수한 경우지만 남자들끼리 생활해야 하는 군대라는 특수한 조직에서 참으로 고역스러운 일들이 많았음은 충분히 짐작이 간다.

20대 남자에게 군대가 힘든 이유들

20대들에게 군대란 가기 싫으나 억지로 가야 하고 가봐야 재미없는 곳, 고생한다 해도 자신의 장래나 진로 개척 및 소질 계발에 전혀 도움이 되지 않는 곳으로 인식되고 있는 것 같다.

<군대에 대한 본능적 거부감>

1. 원해서 가는 곳이 아니다
과거 우리 세대는 "제대하고 나면 군 훈련소가 있는 논산 쪽으로는 오줌도 안 눈다"는 얘기를 하곤 했다. 그만큼 군대에 대한 기억은 안 좋게 남기 쉬웠는데 요즘 아이들도 비슷한 것 같다. 주변에서 그런 얘기들을 듣다 보니 군대에 가기 전부터 거부감이 있는 것 같다.

2. 군대는 힘들고 재미없는 곳
군대라는 곳이 부득이 상하 간 위계 서열이 있고 무작위로 낯선 사람들끼리 만나 숙식을 같이하며 지내야 하니 여러 가지로 불편하고, 더욱이 요즘 아무리 좋아졌다고 해도 '군기'라는 것이 있으니 힘들고 재미없는 곳으로 인식될 수밖에 없는 것 같다.

3. 본인의 장래 진로와 상관없는 곳
   군대에서는 낯선 총기를 만지고, 익숙하지 않은 전쟁 연습을 하며, 특히 다양한 형태의 작업과 현장 노동을 해야 하니, 학교에서의 전공 및 자신의 진로와 무관한 일들을 하게 마련이다.

4. 군대는 어쩔 수 없이 가는 곳
   대한민국 남자로서 당당한 의무이기도 한 병역에 대해 달가워하지 않는 것은 당연하고, 피할 수 있다면 피하고 싶어하는 것 같다.

다양한 군 입대 제도

군대를 대한민국에서 제일 큰 기업 집단이라고 표현하는 사람도 있다. 그만큼 군대는 전국 각지에서 전쟁과 관련된 다양한 일을 수행한다. 그러다 보니 요즘은 국방부에서 다양한 입대 방식을 운영하고 있다.

입대 때부터 누구랑 언제 어디서 근무할지를 제한적으로나마 고려해 주고 있고, 전공이나 전문성을 살려 군 생활을 할 수 있도록 다양한 군 지원 프로그램을 운영하고 있다.

1) 동반 입대병 제도

가까운 친구나 친척 등과 함께 입영하여 함께 훈련을 받고 같은 내무생활 단위 부대로 배치되어 전역 때까지 서로 의지하며 군 복무를 할 수 있게 하는 제도.

2) 직계 가족 복무 부대병 제도

직계 친족 형제자매 및 외조부모가 복무한 부대에서 군 복무를 하고자 할 때 지원하여 입영하는 제도.

3) 연고지 복무병 제도

일정 연고지의 시군별 입영 부대 및 복무 부대에 해당하는 거주자에 한해 군 복무를 하고자 할 때 지원 입영하는 제도.

4) 전공 연계 군 복무 제도

군대에서도 운전병, 의무병, 군종병은 물론이고 심지어 통신 장비 네트워크 운용이나 항공기 정비, 인공지능 연구, 가상 시뮬레이션 연구병 등 다양한 형태의 전문 병사를 모집하고 있다.

그래서 입대 전에 군 입대와 관련된 충분한 사전 연구와 준비를 통해 좀 더 본인의 조건에 맞는 입대 조건을 탐색하여 그에 맞춰 입대할 수 있다면 본인의 전문성도 살리고 보다 만족스러운 군대 생활을 할 수 있을 것이다.

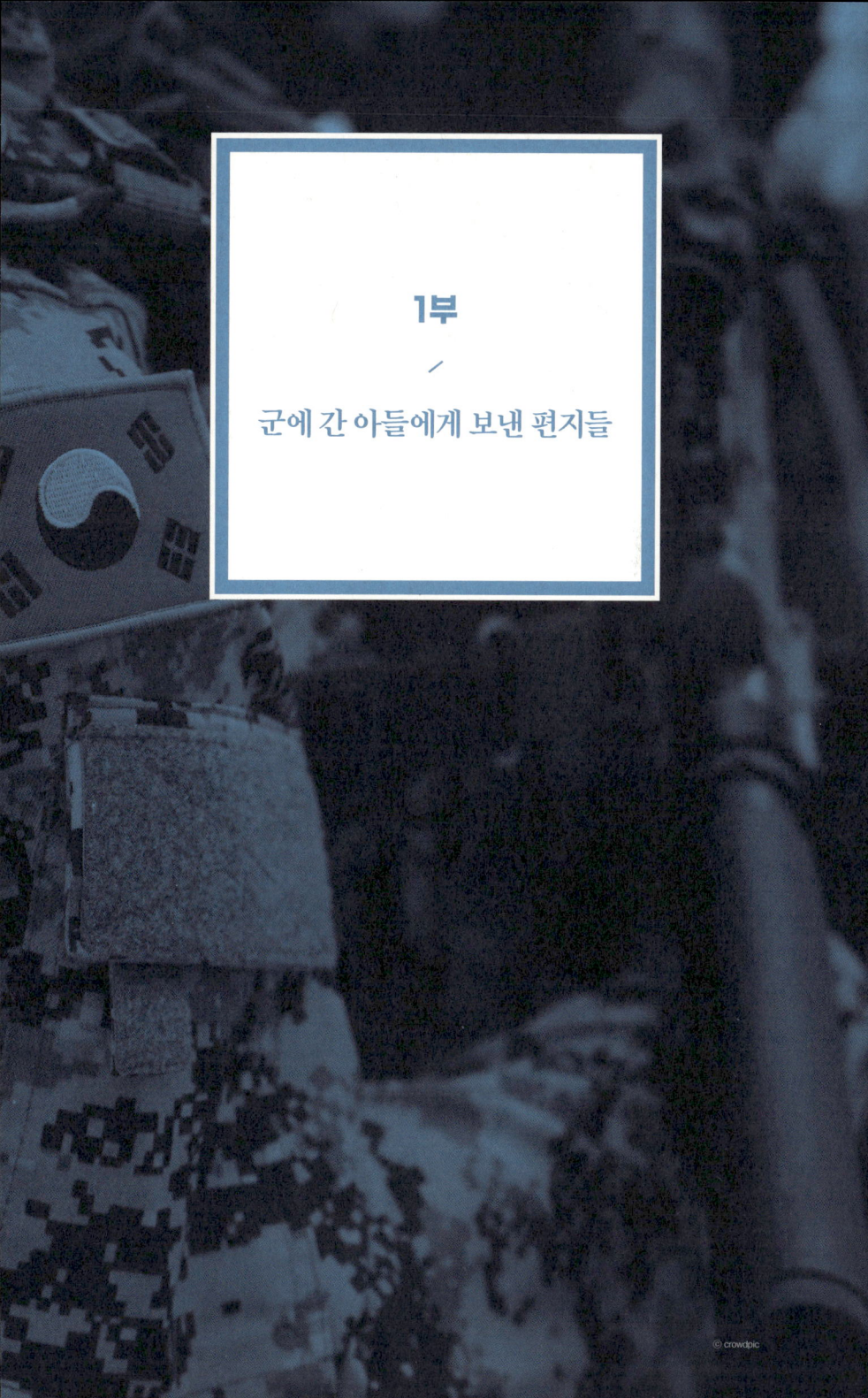

1부

군에 간 아들에게 보낸 편지들

아들에게 많은 편지를 쓴 이유는?

내가 그동안 살아온 길을 되돌아보면 참으로 아쉬운 대목들이 여러 번 있었다. 그때 왜 그랬을까 싶을 정도로 자책하게 되는 일들이 많다. 그러다 보니 나의 아들이나 딸은 이런 시행착오를 줄이고 살았으면 좋겠다는 생각이 많이 들었다.

고려 태조 왕건이 왕자들에게 '훈요 10조'를 남긴 심정이 이해가 된다. 나의 자식들은 내가 겪은 시행착오를 안 했으면 하는 심정이야 어느 부모에게 없겠는가. 하물며 나라를 건국한 왕의 관점에서 후대 왕이 될 왕자에게 전해주고 싶은 얘기는 수십 가지가 넘었을 것이다. 나 역시 내가 힘들 때 적어놓거나 평소 아이들에게 하고 싶은 얘기들을 편지를 통해 소통하려고 노력하였다.

편지 소통의 보람

나는 올해 27살인 딸 현서와 25살인 아들 건희 이렇게 남매를 키우고 있다. 집사람과는 만난 지 불과 두 달 만에 결혼했으나 그동안 화목하게 잘 살고 있다.

나는 1998년에 결혼할 때 어머니로부터 금반지 10돈을 받은 게 물려받은 유산의 전부다. 하지만 경세적인 능력은 없어도 한평생을 정직하고 선하게 사신 부모님을 원망하진 않는다. 다만 맨주먹으로 결혼생활을 시작하다 보니 집사람이 고생을 많이 했고, 아이들에게도 경제적으로 넉넉하게 뒷바라지해 주지는 못했다.

하지만 지금도 우리 가정의 화목함을 자부한다. 아이들이 착하고 대견하게 잘 자라주었고, 부모·자식 간의 소통과 호감도는 여느 가정

못지않다고 자부한다. 그런데 그 이면에는 그동안 내가 보내온 편지와 부수적으로 서로 주고받는 소통이 큰 도움이 되었다고 생각한다.

군에 간 아들에게 주제별로 다시 정리한 편지들

1부는 평소에 아들에게 보냈던 내용과 내가 살면서 직·간접적으로 시행착오를 했거나 너무 아쉽고 후회스러웠던 내용들을 주제별로 다시 정리한 것이다. 아들이 군 생활을 하면서 부딪히게 될 문제들을 해결해 나가는 데 조금이라도 도움이 되었으면 하는 바람이다.

아들이 이등병일 때 보낸 편지들

군대에 입대해서 낯선 군 생활에 적응하느라 힘들 때다. 그곳에서 일어나는 일들이 불편하고 당황스럽겠지만, 누구나 겪는 일이라고 생각해라.

여기에 정리한 글들은 그동안 편지로 해온 이야기들, 그리고 내가 전·의경들과 지내면서 한 경험을 중심으로 한 번쯤 생각해볼 만한 얘기들이다. 지치고 힘들 때 참고가 되었으면 좋겠다.

'생각한 대로 살지 않으면, 사는 대로 생각하게 된다.' 과거 어디선가 봤던 좋아하는 문구다.

어차피 혼자 가야

알에서 껍데기를 깨고 나올 때는 혼자 힘으로 깨고 나와야 한다. 마지막 순간까지 병아리에게는 힘에 부치는 과정이겠지만, 안쓰럽다고 외부의 사람이 중간에 알의 일부분을 대신 깨주면 문제가 생긴다고 한다.

스스로 알을 깨고 나온 병아리에 비해서 도움을 받은 병아리는 면역력이 약해서 쉽게 병들고 지생력이 약해 쉽게 죽는다고 한다. 혼자 힘으로 힘겨운 사투를 벌이며 알을 깨는 과정에서 자생력이 생기는 것인데 그것을 외부에서 함부로 생략해주면 오히려 큰 문제가 된다는 것이다.

건희야, 우리가 살아가는 인생도 마찬가지인 것 같다.

성장해가는 과정에서 힘에 부치고 이전에는 해보지 않았던 낯선 일들을 극복해 가는 과정에서 자신을 지킬 수 있는 면역력과 자생력을 키우게 되고 그만큼 강해지는 것이다.

군대 생활도 그 과정의 일부라고 할 수 있다. 군 생활 동안 낯설고 힘든 여건에서 내키지 않은 일들을 해내고, 스스로 할 수 없을 것 같았던 상황들을 극복하는 과정에서 그만큼 강해지고 자신감을 가지게 될 것이다.

이와 관련해서 과거 경험상 한 가지 당부하고 싶은 게 있다. 군 생활을 하면서 꼭 필요한 애로사항은 말해야겠지만, 매사가 힘들다는 식의 불필요한 푸념은 아무리 가까운 사이라도 안 하는 게 좋다. 괜히 주변 사람들에게 약점만 잡히고 안 좋은 소문만 날 수 있다.

군 생활이라는 게 단체생활이다 보니 부지불식간에 서로를 평가한다는 사실을 명심하고 웬만하면 힘들더라도 웃으며 묵묵히 해내라. 어차피 불평해봐야 아무런 득도 안 되고 네 이미지만 안 좋아진다.

입대해 자대 배치 뒤
처음 한 달은 누구나 힘든 시기다

　과거 경험상 아빠도 새 학기가 시작되거나 새로운 직장, 새로운 부서로 옮겼을 때 첫 한 달 정도는 스트레스도 많이 받고 이래저래 힘들었던 것 같다. 아마도 누구나 비슷한 경험들이 있을 것이고 대부분 사람이 겪어가는 과정이라 생각한다. 그런데 이 시기를 어떻게 보내느냐가 매우 중요하다.
　이 기간만큼은 잡념을 최대한 줄이고 새로운 환경에 적응하도록 집중해야 한다. 이 시기에는 실수를 좀 해도 다 용서되니 좌절하거나 자책하지 말고 시간이 지나기를 기다려라. 그리고 일부러라도 새로운 환경에서 오는 스트레스에 둔해질 필요가 있다. 시간이 지나면 모든 것이 안정되는 법이라는 사실을 굳게 믿어라.

아무리 유능한 사람도 처음 적응하는 시기에는 실수투성이에 엉터리일 수밖에 없다. 새로운 조직의 낯선 분위기에서 처음부터 잘할 수는 없을 것이고 누구나 적응하고 숙련되는 시간이 필요하다. 그런데 이 시기에는 스트레스도 많이 받고 스스로 자책을 많이 하게 된다.

그러나 아무리 낯설고 힘든 일도 시간이 지나면 해결되기 마련이다. 시간은 모든 것을 해결해준다. 이를 악물고 한 달 정도만 잘 버텨봐라. 그렇게 열심히 적응하고 노력하다 보면 어느덧 안정을 찾고 스스로 그곳에서 자리를 잡게 된다. 초창기에 힘들 때면 항상 되뇌어라. "이 또한 지나가리라."

나도 과거 군 생활 시절 그런 신병을 봤다. 내가 상병이던 시절에 외국에서 대학원까지 마치고 뒤늦게 입대한 신병이 있었다. 이미 결혼도 하였고 좋은 대학을 다닌 우수한 인재였는데 전입을 오자마자 실수를 많이 해서 자주 혼이 나자 한동안 어리둥절, 어리버리 헤맸다. 나보다 나이가 네 살이나 많아 개인적으로 위로도 해줬고, 두 달 정도 지나니 정상으로 돌아왔다. 신병 시절 그 친구도 관심병사 직전까지 갔던 기억이 있다.

혹독해야만 꽃 피우는 '춘화 현상'

　과거 호주로 이민 가서 살던 교포가 우리나라에서 봄에 피는 개나리와 진달래꽃이 그리워 그 묘목을 옮겨갔다고 한다. 자신의 집 근처에 심어놓고 고국의 봄 기운을 느껴보고 싶어서였다. 그러나 몇 년이 지나도 잎만 무성했지 꽃이 피지 않았다고 한다.

　그 원인을 전문가에게 물으니 "춘화 현상" 때문이라고 한다. 우리나라처럼 혹한의 겨울이 없는 호주에서는 개나리나 진달래꽃이 피지 않는다는 것이다. 즉, 혹독한 추위를 거쳐야만 꽃이 피는 현상이 있는데, 이를 '춘화 현상'이라 부른다는 설명이었다.

　봄에 파종하는 봄 보리에 비해 가을에 파종하여 겨울을 나는 가을 보리의 수확량이 훨씬 더 많고 맛도 좋다고 한다. 된서리를 맞은 늦가을 배

추가 훨씬 달고 맛있는 것도 그와 같은 이유라는 것이다.

물살이 센 강물을 건너려면 무거운 돌을 등에 짊어지고 건너야 한다. 우리가 짊어지는 삶의 무게는 결코 고통스러운 짐이 아니라 인생의 험난한 강을 무사히 건너게 하는 힘인 것이다.

화려한 인생의 꽃도 고통과 역경을 거친 뒤에야 피는 법이고, 역경과 고난을 겪지 않고는 진정한 인간으로 성장할 수 없다는 것을 명심해야 할 것이다.

지금 겪는 군대 생활은 결코 무의미한 고통의 시간이 아니다. 너의 영혼을 성숙시키고 자신감을 키울 수 있는 훈련 과정이자, 먼 훗날 보람 있는 꽃으로 활짝 피기 위해 필요한 잠시 동안의 겨울인 것이다.

군대 생활과 모죽

　우리나라와 중국, 일본에서 자라는 모죽이라는 대나무가 있다. 모죽은 땅이 척박하건 기름지건 간에 씨를 뿌린 후 5년 동안은 자라지 않다가 5년 후부터 하루에 70~80cm씩 쑥쑥 자라기 시작해서 6주 후면 30m까지 자라고 비바람 속에서도 100년을 견디며 산다고 한다.
　서음 5년간은 자양분을 내부로 쌓으며 땅속 깊이 뿌리를 내리는 등 내실을 다지고 인내하며 철저히 준비하다가 준비가 다 되면 드디어 자라기 시작하는데, 그때는 어느 식물보다 높고 힘차게 자란다는 것이다.
　군대 생활도 모죽의 준비 기간과 비슷한 상황이 아닌가 생각한다. 모죽이 땅속에 뿌리를 내리고 자양분을 축적하듯이 군대 생활은 전역 후에 본격적으로 출발할 인생 준비를 위해 웅크리고 있으면서 정신적으로나

신체적으로 에너지를 성숙시키는 과정이 아닐까 싶다.

군대 생활을 하는 동안 비록 심신이 지치고 힘들어도, 모죽처럼 은밀히 내실을 다지며 에너지를 충전하여 전역 후에는 멋지게 도약하는 아들이 되길 기원해본다.

"네 시작은 미약하였으나 네 나중은 심히 창대하리라." 나한테는 참으로 가슴에 와닿는 문구라 고시 공부하던 시절 책상 앞에 붙여놓고 늘 보면서 공부했다.

너 역시 지금 군 생활에서 경험하는, 하찮아 보이는 일들이 결국 너의 앞날에 소중한 자양분들이 될 것이다. 군에서의 하루하루 경험들이 어떤 역경에도 굳건히 버틸 수 있는 인내심을 키워줄 것이고, 지금 겪는 다양한 형태의 고초와 불편함이 세상 살아가는 이치에 대한 견문을 넓혀줄 것이다.

장애도 극복하는데

갓생(열심히 사는 삶)

우리나라 인구 중 신체적 장애를 가진 사람들이 약 5% 정도 된다고 한다. 그러니 우리나라 약 5천만 명 중 약 250만 명이 크고 작은 신체적 장애를 안고 살아가는 셈이다.

그런데 이런 장애가 있는 사람 중 신체적 장애에 굴복하지 않고 오히려 정상적인 신체를 가진 사람들보다 더욱 성공적인 삶을 살아가는 사람들이 있다. 물론 그들의 성공 뒤에는 눈물겨운 노력이 있었음은 물론이다.

신체적 약자에 대해 사랑으로 감싸고 도와주어야 할 텐데 실제로 세상은 약자에 대해 관대하기는커녕 놀리고 괴롭히며 그 사람의 삶을 피폐하게 만드는 경우가 많다. 그런 아픔 탓에 장애인 대부분이 쉽게 포기하고 자신을 자기 집에 가두고 마음의 문을 닫곤 한다.

그러나 이러한 장애를 극복하고 당당하게 세상 밖으로 나와 모두가 박수를 보내고 존경하는 성공을 거둔 이들의 비결은 무엇일까?

무엇보다 현실을 있는 그대로 받아들인 뒤 자기 자신을 사랑했고, 장애를 부끄러워하지 않고 자신을 있는 그대로 드러내는 용기를 냈기 때문일 것이다. 만약 자신의 처지를 비관하고 숨을 곳만 찾고 소극적인 삶을 살았다면 평생 자신의 처지를 원망하며 쓸쓸히 살아갔을 것이다.

대표적으로 영국의 구족화가로 세계적인 명성을 얻은 엘리슨 래퍼라는 여성은 선천적으로 두 팔이 없고 허벅지 아래에 바로 발바닥이 붙은 해표지증이란 장애를 안고 태어난 지 6주 만에 부모로부터 버림받고 보육원에서 자랐다.

그녀는 어렸을 때부터 늘 친구들로부터 괴물이라고 놀림을 받아 숱하게 울며 지냈다. 그러나 어느 날 다짐을 했다고 한다. 울면 울수록 더 무시를 당하고 놀림감이 될 뿐이라는 걸 깨닫고 자신의 몸을 있는 그대로 받아들이고 자신이 좋아하는 그림을 그리는 일에 열중하였다.

그 결과 미술 대학을 나와 세계적으로 유명한 구족화가가 되었고 지금은 다양한 활동을 하며 적극적으로 살아가고 있다. 세상은 자신의 단점을 극복하고 세상에 당당히 맞서는 사람에게 성공의 기회를 준다.

신체가 멀쩡하고 좋은 부모와 환경에서 자라면서도 자신을 비관하거나 세상의 시선에 자신 없어 숨어 지내는 사람이 있는가 하면 위와 같이 악조건을 당당히 드러내고 정면으로 맞서 극복한 사람들이 주변에 적지 않다.

나는 어쩌면 군대도 장애를 극복하는 것과 비슷한 경험을 해볼 수 있는 환경이 아닐까 생각한다. 남들보다 동작이 느리거나 남들보다 총을 못 쏘는 등 특정 분야에서 뒤지더라도 그것을 있는 그대로 인정하고 이를 극복하기 위해 노력한다면 결국에는 그 단점을 극복하고 남들에게 인정받고 박수를 받는 결과로 이어질 수 있다고 본다.

혹시라도 자신 없는 분야가 있거나 잘 안되는 분야가 있더라도 결코 기죽거나 피하지 말고 당당히 맞서봐라. 부족하고 미숙한 것을 당당히 인정하고 이를 만회하고 극복하기 위해 더욱 노력해봐라. 결국은 그 과정이 너에게 큰 보람과 기쁨을 주는 결과로 보답할 것이다.

네가 군에 가서 비로소 처음 마주하는 네 모습이 있을 수 있다. 그리고 그중에는 자신 없는 부분도 있고 스스로 실망스러운 모습도 있을 수 있다. 그럴 때 당당히 맞서라. 그리고 부족한 점을 하나씩 극복해봐라. 어느 순간 업그레이드된 너 자신을 발견할 것이다.

사진 = ShotPot

두려움의 본질은 막연한 두려움

누구나 처음 당하는 일은 힘들고 두렵기 마련이다. 두려움은 잘못된 것이 아니라 인간이라면 누구나 갖는 자연스러운 감정이다. 그런데 두려움은 우리의 앞길을 가로막는 가장 큰 적이 될 때가 많다. 많은 사람이 막연한 두려움 때문에 시도해보지도 않고 포기하거나 피해버린다.

과거 미국 경제 대공황 시절 루스벨트 대통령은 취임사에서 "우리가 정말 두려워해야 할 것은 두려움 그 자체다"라고 말했다고 한다. 막연한 두려움에 사로잡혀 꿈을 잃고 어떤 시도도 하지 않는 것이야말로 가장 두려운 일이라고 생각했기 때문이다.

군 생활도 마찬가지인 것 같다. 닥치면 모두 다 해내고 극복할 수 있는 일들인데 막연히 두려움에 떨거나 필요 이상으로 겁을 내다보면 평소 충분히 해낼 수 있는 일들도 제대로 못 해서 힘들어하거나 적응하는 데 실패할 수 있다.

군대란 한국 남성 대부분이 거쳐 간 길이고 이겨낸 과정이다. 자신 있게 도전하고 당당하게 맞서다 보면 별거 아니란 걸 금방 알게 된다. 그곳도 너와 똑같은 사람들이 사는 세상이고, 주변을 돌아보면 생각한 것보다 훨씬 많은 사람이 너를 돕고 있단다.

직업 군인으로 근무하는 사람들이 하는 일 중 가장 중요한 일이 너 같은 병사들이 안전하고 잘 근무하게 지도하고 보살피는 일이다. 병사가 잘못 지내 군 생활에 실패하면 결국 너와 함께 근무하는 직업 군인의 직장 생활도 실패하는 것이다.

그러니 주어진 상황에 최선을 다해보고 그래도 안 풀리면 주변에 도움을 청해라. 그들은 기꺼이 너를 위해 많은 도움을 줄 것이다. 도전해보지도 않고 막연히 두려워만 하는 것, 그것이 가장 큰 문제이다.

성공한 사람과 실패한 사람의 차이

 우리가 걸음마를 배울 때를 되돌아보면 수도 없이 넘어진다. 그렇게 넘어지지 않고는 올바른 직립 보행을 할 수 없다고 한다. 자전거를 배울 때도 수없이 넘어질 수밖에 없다. 그러나 결국에는 그 과정을 극복하고 걸을 수 있게 되고 자전거를 탈 수 있게 된다. 즉, 어떤 일이든 성공하기까지 여러 번 실패는 불가피한 것이다.
 성공한 사람들은 자신이 해결할 문제들을 찾아다니는 반면, 실패한 사람들은 문제를 회피하기 위해 온갖 시도를 한다고 한다. 성공한 사람은 실패하면 원인을 분석하고 해결책을 찾아 극복하지만, 실패한 사람들은 몇 번을 실패해도 핑계를 대거나 남 탓을 하느라 왜 실패했는지를 알지 못하는 것이다.

미국의 16대 대통령을 지낸 링컨은 이렇게 말했다. "내가 걸어온 길은 참으로 미끄러웠다. 그 과정에서 나는 수도 없이 넘어졌다. 하지만 나는 그 길 위에서 항상 이렇게 말했다. '그래도 낭떠러지는 아니잖아'. 나는 묵묵히 준비했고 천천히 걸었다. 하지만 절대 뒤로는 가지 않았다."

실패를 실패로 끝내지 않고 성공의 발판으로 삼으려면 실패의 원인을 외부가 아닌 내부, 즉 자기 자신에게서 찾아야 한다. 핑곗거리를 찾을 시간이 있다면 자기 자신의 문제점을 되돌아보고 실패의 원인이 무엇인지 철저하게 분석해야 똑같은 실수를 반복하지 않을 뿐만 아니라 발전의 계기로 삼을 수 있다.

군대라는 낯선 환경에 처하면 누구나 수도 없이 실수도 하고 실패를 한다. 그러나 그 실수를 담담하게 받아들이고 그 실수를 반복하지 않도록 해라. 힘들어도 자신감을 가지고 도전하다 보면 결국 극복할 수 있는 것들이고 그 과정에서 더 큰 자신감이 생기면서 점점 능숙해질 것이다.

혹시 실패하더라도 변명하고 핑계를 대다가 기회를 놓치는 일이 없도록 해라.

관심병사(고문관)라는 게 있단다 – 학습된 무기력

스스로 불러온 재앙

    사람은 학습을 통해 성숙해가고 발전해 나가는데 오히려 학습이 방해가 되는 경우가 있다고 한다. 반복적인 실패의 기억과 큰 충격이 오히려 절망감과 무력감을 주어 스스로 포기하고 무기력하게 한다는 것인데 이를 '학습된 무기력'이라고 부른다.

    미국의 심리학자 마틴 셀리그만 박사는 실험을 통해 이를 입증했다. 개를 세 집단으로 구분하여 상자에 넣고 한 집단엔 코앞에 전기 충격을 멈출 수 있게 하는 스위치를 달아놓고 전기 충격을 주었다. 전기 충격에 괴로워하다 우연히 개 한 마리가 스위치를 눌러 이 스위치가 전기 충격을 멈추게 한다는 사실을 알게 되었고 전기 충격을 가하자 개 한 마리가 잽싸게 스위치를 눌러 충격을 멈추게 했다.

두 번째 개 그룹에선 스위치를 눌러도 전기 충격이 멈추지 않게 설계했다. 전기 충격을 가하자 괴로워할 뿐 그 자리에 계속 앉아 있기만 했다. 세 번째 집단은 아무런 장치도 없는 평소의 상태 그대로 두었다.

그리고 24시간 후 세 집단 모두를 하나의 큰 방에 넣고 낮은 칸막이를 친 후 칸막이를 건너면 전기 충격이 없는 안전한 공간을 마련해두고 전기 충격을 가했다. 첫 번째와 세 번째 집단은 전기 충격을 받자마자 칸막이를 뛰어넘어 안전한 곳으로 이동했지만, 두 번째 집단은 그 자리에 쭈그려 앉은 채 끙끙거리며 전기 충격을 고스란히 참아냈다고 한다.

이렇듯 한 번 학습된 실패의 기억은 머릿속 깊이 각인되어 충분히 그것을 극복할 수 있는데도 무기력하게 시도 자체를 포기하게 만든다는 것이다.

군대에서도 이런 경우를 가끔 본다. 군대에서 행동이 어눌하고 실수를 반복하여 뭔가 부족한 병사에게 과거엔 '고문관'이란 별명이 붙여졌다. 요즘은 관심병사라고 불린다고 하더라. 군대 오기 전에는 멀쩡했던 사람이 사소한 실패를 반복하고 자꾸 지적받고 비난을 받다 보면 본인 스스로 포기하고 체념하면서 그렇게 지내게 된다. 부모와 가족들이 알면 참으로 기가 막힐 일이지만, 실수가 반복되고 이를 극복할 기회를 놓치면서 부대 내에서 찍어준 낙인을 받아들이고 순응한 채 무기력하게 살아가는 것이다.

참으로 무섭고 안타까운 일이 아닐 수 없다. 이와 같은 상황에서 벗어나기 위해서는 결단과 실천이 필요하다. 어느 순간 결단을 내리고 그때부터 매사에 신중을 기해서 실수를 줄이고, 그 순간부터 과감히 떨쳐 일어나고 이미지 쇄신을 해야 한다. 이와 같은 적극적인 도전과 실천을 통해 기존의 이미지에서 벗어난다면 먼 훗날 다른 난관도 극복해내는 힘이 될 것이다.

과거 내가 군 생활을 할 때도 고문관이라 불리는 친구들이 있었다. 초반에 한두 번 어리바리하다 보면 실수를 반복하게 되고 좌충우돌 엉터리 고문관이 되는데, 대개는 시간이 지나고 고참이 되면서 그 낙인에서 벗어나고 본연의 모습을 되찾기는 한다. 물론 그 과정에서 마음고생이 심하다.

그래서 그런 일이 있기 전에 예방이 중요하다. 그래서 권하고 싶다. 처음 자대에 가서 막내일 때부터 무슨 일이든 "제가 하겠습니다, 제가 잘 모르지만 한 번 해보겠습니다"라고 적극 나서라. 못할 일 같으면 시키지도 않는다. 시킬 때는 할 만하니까 시키는 거고 그렇게 적극적으로 행동하면 실수를 하더라도 관대하게 봐주게 되고 그 패기를 그만큼 인정해준다.

그처럼 한두 번 적극적이고 전체를 위해 희생적인 모습을 보이다 보면 선임들도 잘 봐주고 스스로도 자신감이 생기면서 없던 실력도 발휘되고, 좋은 일들이 선순환되면서 일이 더 잘 풀릴 것이다.

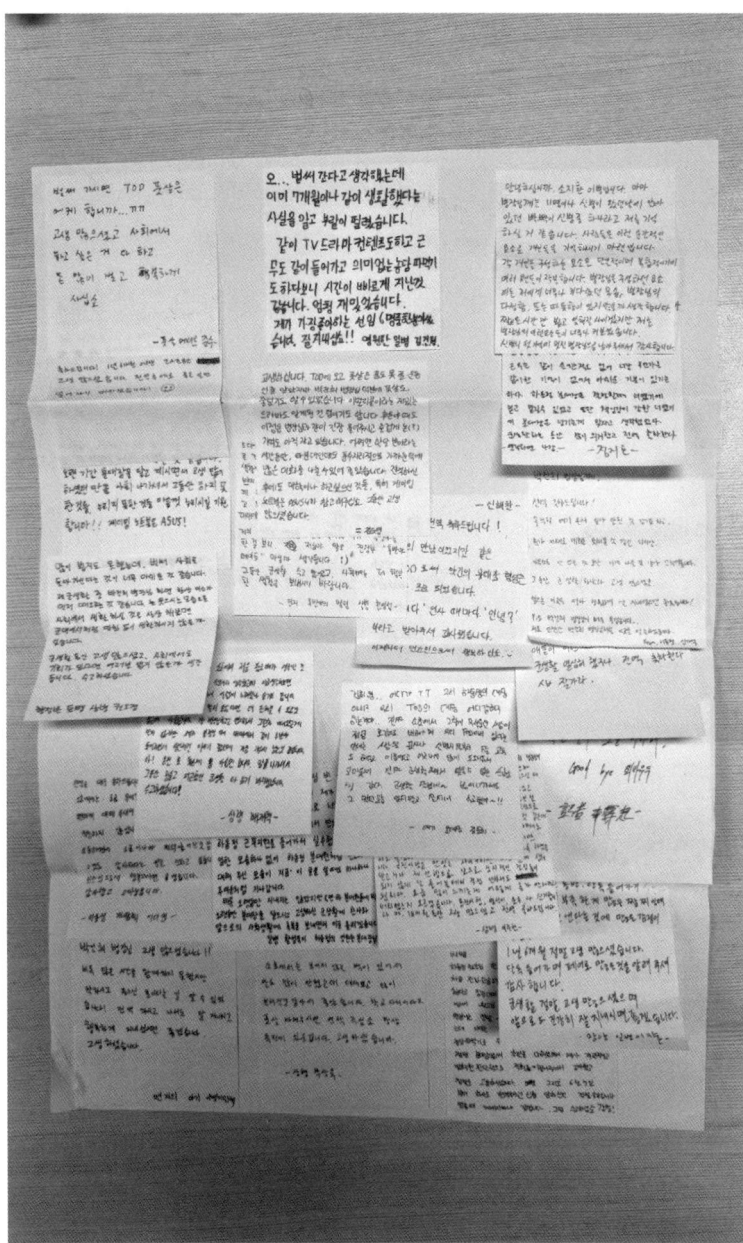

저자의 아들이 제대를 앞둔 시점에 부대원들이 포스트잇에 써서 보내준 손 편지들. 전입 온 후임들이 '관심병사가 되지 않도록 살뜰하게 챙겨주어서 고마웠다'는 내용 등이 여러 군데 보인다.

아들이 이등병일 때 보낸 편지들

산에서도 인생을 배운다

히말라야 산에 가보면 하루에도 4계절을 경험한다고 한다. 아침에는 따뜻하다가 낮에는 덥고 저녁에는 쌀쌀하고 밤에는 추운 겨울 날씨를 경험한다고 한다. 그래서 네팔 사람들은 커다란 수건 같은 숄을 걸치고 다니며 계절에 맞춰 숄을 입었다 벗었다 한다는 것이다.

사람의 하루 기분에도 봄, 여름, 가을, 겨울이 있는 것 같다. 기분이 포근해지면 봄이고, 뜨거운 열정이 생기면 여름이고, 쓸쓸한 기분이 들면 가을이고, 마음이 슬프고 괴로우면 겨울이다. 이런 사계절을 잘 보내기 위해 걸치는 마음의 숄을 자기 방어기제라 부른다고 한다.

기분에 따라 어떤 때는 숄을 걸치고 어떤 때는 숄을 벗어야 한다. 기분이 덥지 않은데 숄을 벗거나 춥지 않은데 숄을 걸치면 힘들어진다. 즉,

건강하고 정상적인 정신이란 결국 마음의 날씨에 맞는 숄을 걸치는 능력이라고 할 수 있다.

하루에도 몇 번씩 봄, 여름, 가을, 겨울의 기운이 오는 것은 어쩔 수 없더라도, 적당한 마음의 숄을 걸치는 것은 네가 선택할 수 있다. 그때그때 상황에 맞게 너를 보호해줄 숄을 걸치면서 살아가야 한다.

특히 군대라는 특수한 곳에서는 너의 의지와 무관하게 다양한 일들이 벌어진다. 단체 책임이라는 핑계로 불합리하고 납득하기 어려운 상황들도 벌어질 것이다. 그럴 때면 네 마음을 보호해줄 마음의 숄을 입었다 벗었다 하는 연습을 많이 해봤으면 좋겠다. 그 연습은 앞으로 네가 전역 후에 살아가는 데도 큰 도움이 될 것이다.

누구에게든 웃는 얼굴로 인사를 잘해야

'웃는 얼굴에 침 못 뱉는다'는 속담이 있다. '말 한마디로 천 냥 빚을 갚는다'는 속담도 있다. 평소 늘 언행에 유의하고 밝은 표정을 짓고 주변에 인사를 잘하며 지내면 좋은 일이 생긴다는 생활 철학이 담긴 속담들이다.

자대 배치를 받으면 누구를 만나든 무조건 인사를 잘해라. 처음 부대에 가면 누가 누군지도 잘 모르고 낯설어서 얼떨떨하겠지만, 누구를 만나든 깍듯하게 인사를 잘해라. 인사를 잘한다는 것이 막연히 거수경례 동작만을 의미하는 것이 아니라, 선임이 심부름을 시키거나 뭔가 지시를 할 때 그에 대해 적극적으로 반응하라는 것이다. 일종의 리액션이지.

주변에 그렇게 밝고 정중하게 인사하는 모습은 결국 너에 대해 좋은 이미지를 형성해줄 것이고, 보이지 않게 좋은 평판을 만들어주고, 혹시 네가 실수를 하더라도 누군가가 표 안 나게 도와줄 것이고, 특히 곤란한 상황에 처해 있을 때도 든든한 주변의 지원군이 되어줄 것이다.

또한 시간이 지나 후임들이 들어오면 그들에게도 늘 "수고했다"느니, "힘들더라도 조금만 참고 같이 해보자"느니 하면서 다독이고 격려하는 것도 인사에 해당된다. 늘 주변에 친절하고 정중하게 인사하는 버릇은 주변의 평판을 좋게 할 뿐만 아니라 스스로에게 자신감과 당당함, 그리고 밝고 인자한 표정을 만들어주고 밝은 기운과 행운을 가져다준다.

과거 내가 군 생활을 할 때도 그랬고 그와 같은 이치는 지금도 마찬가지일 거다. '인사만 잘해도 절반은 먹고 들어간다'는 농담이 있다. 항상 상관이든 선임이든 심지어 후임한테도 인사를 잘해라. 정중하고 친절한 인사는 어떤 식으로든 복을 가져다줄 것이다. 꼭 마음에 새기기 바란다.

말하기 전에 항상 세 번 생각하는 습관을

살다 보면 속상하고 순간적으로 욱하는 심정에 말이 함부로 튀어나오는 경우가 있다. 그러나 어떠한 경우라도 막말은 하지 마라. 노자가 이런 말을 했다고 한다. "칼로 벤 상처는 쉽게 아물지만 말로 벤 상처는 절대 아물지 않는다."

정치인이나 연예인들은 물론이고 일반인들도 말 한마디 잘못해서 큰 봉변을 당하는 경우가 많다. 그리고 말을 해서 득이 되는 경우보다는 해가 되는 경우가 훨씬 많다. 해서는 안 되는 말을 실수로 한 다음에는 아무리 후회해도 다시 주워 담을 수 없단다.

아무 말이나 함부로 하느니 확신이 없을 때는 차라리 침묵하는 것이 낫다. 그러니 말을 하기 전에 항상 마음속으로 세 번을 생각해보고 말하는 습관을 들여라.

　너도 잘 알다시피 요즘은 SNS로 통하는 시대이다 보니 내가 하는 한마디의 전파 범위와 속도는 상상을 초월한다. 그만큼 말 한마디 신중함의 중요성은 점점 커지고 있다. 늘 명심해라. '내가 지금 하는 이 말을 내가 책임질 수 있는지'를.

　특히 군대에서는 말 한마디 한마디가 큰 파장을 가져올 수 있다. 군대의 특성상 말 한마디가 큰 사고로 이어질 수도 있고 말 한마디 잘못해서 주변 선·후임들에게 돌이킬 수 없는 피해를 줄 수 있다. 군에서부터 언제나 말을 하기 전에 꼭 세 번 충분히 생각해보고 말하는 습관을 들였으면 좋겠다.

수처작주 입처개진 (隨處作主 立處皆眞)

"지금 머무는 자리가 진리의 자리이니 그곳에서 주인이 되는 삶을 살라"는 의미인데, 중국 당나라 시절 선승이었던 임제선사가 하신 말씀이다.

언제 어디서든 자신이 속한 위치가 최고의 자리라고 생각하고, 비록 말단으로 근무하더라도 항상 자신이 그곳의 책임자라고 생각하고 주인정신을 가지고 주도적으로 일하고 행동하라는 것이 이 글의 가르침이다.

요즘 우스갯소리로, MZ세대의 성공 비법이라는 얘기가 있더라. 동료 MZ들이 땡 하고 퇴근할 때 30분 더 늦게 퇴근하고, 회식이 싫다고 도망갈 때 자발적으로 회식에 남아있으면 동료들보다 더 인정받고 앞서갈 수 있다는 얘기다. 농담으로 하는 얘기지만 전혀 일리가 없는 것 같지는 않다.

일할 때 조금 더 노력하고 늘 주도적으로 주인의식을 가지고 일하도록 해라. 그리고 항상 만약 본인이 책임자라면 어떻게 처신할 것인지를 생각하면서 일하면 언젠가는 누구의 눈에 띄게 될 것이고, 반드시 빛을 발휘할 때가 있을 것이다.

"일의 크고 작음에 상관없이 책임을 다하면 반드시 성공한다." 데일 카네기의 말이다. 자신이 해야 할 일이 무엇인지 정확히 파악해서 최선을 다하는 자세와 책임감 있는 사람의 가치는 직장에서도 금방 드러난다.

종업원의 마인드로 종업원처럼 일하면 종업원의 신세를 면하기 어렵다. 그러나 네가 항상 책임자처럼 일하면 언젠가는 책임자가 되어 있을 것이고, 주인처럼 일하면 언젠가는 주인이 될 것이다.

군대에서도 마찬가지일 것이다. 신병으로서 부대를 배치받아 얼떨떨하고 무엇을 어떻게 해야 할지 모르는 막연한 시간이 좀 지나고 나서 어느 정도 자리를 잡으면 그때부터는 무슨 일이든 네가 주인이라고 생각해라. 네가 그 부대의 책임자이고 지휘관이라고 생각해라. 따지고 보면 소대장, 중대장이 너와 나이 차이도 크게 나지 않을 뿐더러, 너와 아는 것, 경험, 식견의 차이도 별로 없을 것이다. 물론 군대 경험이야 다르지만.

그러다 보면 빗자루를 두는 곳이 적절한지, 공용으로 쓰는 휴지의 위치가 적정한지, 심지어 선풍기나 에어컨 리모컨 위치나 관리는 적정한지 등 마음속 깊이 고민하게 되고 좋은 방안이 떠오를 수 있다.

그럴 때 "김 일병님, 이런 건 이렇게 해보면 안 되겠습니까? 제가 며칠간 고민해봤는데 이렇게 하면 우리 소대원들이 덜 불편할 것 같습니다." 이런 제안도 해보고, 비록 사소한 청소지만 나름 정성껏 (속도가 너무 느리지 않다는 전제하에) 하고, 필요해 보이면 시키지 않은 일까지도 열심히 하다 보면 선임들이 너를 보는 눈이 달라질 것이다.

선임들끼리 "이번 신병은 속이 깊은 것 같아. 시키지 않아도 잘하고 매사에 지극 정성이야. 군에서 저러기 쉽지 않은데~"라며 너를 칭찬해줄 것이다. 그런데 그래 봐야 그런 것들이 뭐 그리 대단한 것도 아니다. 어차피 하는 김에 조금 더 하는 거고, 조금만 더 생각해보면, 즉 네가 그 부대 주인이라면 생각해 낼 수 있는 간단한 아이디어들일 것이다.

그러니 항상 마음속으로 "내가 책임자다"라고 생각하며 좀 힘들어도 "다들 시킨 일만 하고 쉬려고 하는데 나는 좀 덜 쉬더라도 누군가가 해야 할 일인데 할 사람이 마땅히 지정되어 있지 않으면 내가 하자"라는 생각으로 지내봐라. 그럼 힘도 덜 들고 반드시 인정받을 것이다.

어린 미켈란젤로가 조각하는 모습의 조각상. 가난했던 미켈란젤로는 청년 시절 정원사로 일했는데, 그가 화분에 조각을 하는 등 정성을 다하는 모습에 감탄한 집주인이 그에게 장학금을 줘 미술학교에 입학시켰다는 일화가 전해진다. (사진=sailko)

누구나 감정 기복이 있는 게 정상이다

흔히 오만가지 생각이 든다는 표현을 쓰곤 하는데, 실제로 사람의 감정은 하루에도 수시로 변하기 마련이다. 특별한 일 없이도 기분이 좋다가 금세 나빠지고, 또 문득 든 생각에 기분이 좋아지기도 하면서 하루에도 몇 번씩 감정의 기복이 있게 마련인 것 같다.

누군가의 말 한마디에 금방 의기양양했다가도 사소한 일에 금세 자신감을 잃고 풀이 죽기도 한다. 그러다 또 먼 옛날 사소한 기억 하나에 풀 죽었던 기분이 되살아나기도 하는 것이다. 그래서 사람은 정말 예민하고 감정 기복이 심한 동물인 것 같다.

어떤 사람은 자신이 분을 참지 못하고 화를 내는 것을 스스로 분노 조절 장애가 있다고 자책하기도 하고, 어떤 사람은 본인이 정서 불안이 아닌가 걱정하기도 한다. 하지만 검사해보면 대부분 정상 범위 내에 있다고 한다. 그만큼 대부분의 사람은 복잡한 심리로 살아간다는 것이다.

자신의 감정대로 살다가는 심하게 지칠 뿐 아니라 피곤해져서 자신의 생활 리듬을 잃어버릴 수 있다. 그러므로 평소에 너의 감정을 적절히 통제하도록 노력해라. 그리고 항상 약간 기분이 좋은 상태를 유지하기 위해 애써봐라. 좋아하는 음악을 수시로 듣는다거나 좋아하고 힘이 나는 문구를 잘 보이는 곳에 붙여두고 수시로 보면서 자신의 감정을 잘 관리할 필요가 있다. 특히 중요한 시험을 보는 날이나 특별한 일을 해야 하는 중요한 날은 더욱 그렇겠지.

항상 메모하는 습관을

　적자생존이라는 말을 "적는 자만이 생존한다"라고 해석하는 우스갯소리가 회자된 적이 있다. 메모가 그만큼 중요하다는 말이기도 하다. 메모하기는 습관인데 메모를 하는 사람과 안 하는 사람 간에는 여러 가지 면에서 차이가 크다고 한다.

　메모의 중요성을 강조한 유명인들이 많다. 영국의 철학자 베이컨은 "느닷없이 떠오르는 생각이 가장 귀중한 것이며, 잘 보관해야 할 가치가 있다"고 했다. 그 외에도 나는 그동안 수많은 성공한 사람들이 본인의 메모하는 습관을 소개한 글들을 봐왔다.

　어떤 항공사 스튜어디스는 이렇게 말했다고 한다. "일등석 고객 중 펜을 달라는 승객을 만난 적이 없다. (성공한) 그들은 모두 자신만의 필기도구를 가지고 다니는 것 같더라". 성공한 사람들의 메모 습관을 단적으로 알려주는 경험담이다.

나도 평소에 수시로 메모를 하려고 노력한다. 중요한 것들은 책상 앞에 포스트잇 메모를 붙이곤 한다. 또한 시간 날 때 해결하거나 확인해야 할 일이 갑자기 생각나면 휴대폰 메모난에 간단히 적어놨다가 나중에 처리하곤 한다.

그런데 메모의 중요성은 무엇보다 순간적으로 떠오르는 좋은 아이디어를 놓치지 않는 데 있다고 본다. 꼭 발명가들의 얘기가 아니더라도 우리가 일상을 살아가면서 순간적으로 떠오르는 아이디어를 흘려버리지 않는 것은 매우 중요하다. 약속과 일정을 놓치지 않기 위해서도 메모는 꼭 필요한 생활 습관이다.

비록 군 생활일지라도 수시로 떠오르는 아이디어나 일상생활 중 중요한 것들은 메모하는 습관을 들이기 바란다. 메모 습관을 통해 실수를 줄이고, 보다 내실 있는 군 생활을 할 수 있을 것이다.

자투리 시간을 잘 활용해라

누구나 시간에 쫓기며 산다. 요즘 현대인들이 자주 쓰는 용어 중 하나가 "시간이 없어서"다. 그런데 주변에 보면 그 바쁜 와중에도 이거저거 할 거 다 하면서 사는 사람들이 있다. 매사에 열심히 사는 게 그 원인 중 하나겠지만 또 다른 비결이 있다면 자투리 시간을 잘 활용하는 방안이기도 할 것이다.

하루 일과를 자세히 살펴보면 훈련이나 교육을 기다리거나 차를 기다리거나 누군가를 기다리고, 회의를 기다리고, 식사를 기다리는 등 잠깐씩의 자투리 시간이 많이 발생한다. 그런데 그 시간이 모이면 상당한 시간이 된다. 그 시간을 모아 하루 30분이라도 활용한다면 한 달에 얼추 15시간이 된다.

대학생이라면 강의 시간 사이에 공강 시간이 두어 시간이 생길 수 있고, 직장인이라면 출퇴근 중 차를 기다리거나 차 안에서 적지 않은 시간이 자투리 시간으로 활용될 수 있다. 그 시간들을 모아 하루 1~2시간만 잘 활용해도 영어 공부는 물론이고 책을 읽거나 평소 듣고 싶었던 강의도 들을 수 있다.

'세상에서 가장 시간이 많은 사람은 부지런한 사람이고, 세상에서 가장 시간이 없는 사람은 게으른 사람'이란 말이 있다. 하루하루 자투리 시간을 잘 활용한다면 정말 부지런한 사람으로서 남들보다 영어 공부할 시간, 책 읽을 시간, 운동할 시간이 좀 더 많은 사람이 될 수 있을 것이다.

군대에서도 마찬가지다. 군 생활이 익숙해질 때까지는 마음의 여유가 없겠지만 어느 정도 적응하고 나면 다양한 활동 속에서도 짬짬이 자투리 시간을 활용할 수 있다. 결코 무시할 수 없는 소중하고 유익한 시간들이 될 것이다.

포기하고 싶을 때 한 걸음 더 가봐라

 인생에서 뭔가를 성취하려면 마지막까지 포기하지 않는 끈기가 중요하다. 입시도 취업도 연애도 다이어트도 중간에 꼭 한 번은 위기가 찾아오는데 그때 포기하는 경우가 대부분이라 성공하는 사람이 많지 않은 거다.
 실패했을 때 누구나 손쉽게 선택할 수 있는 결정이 포기다. 포기하면 반복적인 실패의 두려움에서 벗어날 수 있고 잠시 기분은 안 좋으나 마음은 편하다. 하지만 포기한 사람의 바로 앞 길모퉁이에서 성공의 여신이 기다리고 있었는데 그 직전에 포기한 경우도 많을 것이다.
 살면서 정말 눈앞에 아무것도 안 보이고 더 이상 아무것도 할 수 없겠다 싶을 때 힘을 내서 한 걸음만 더 내디뎌봐라. 주변의 여러 사례들을 볼 때 의외로 성공은 바로 그다음 순간에 다가오는 경우가 많다.

　새벽 동이 트기 직전이 가장 어둡고, 성공하기 직전인 마지막 순간이 가장 절망스럽고 고통스럽다고 한다. 인생에 성공한 사람들은 그렇게 포기하고 싶은 마지막 그 순간에 남들보다 한 발 더 내디딘 사람들일 수 있다.

　윈스턴 처칠은 옥스퍼드대학 졸업식 치사에서 "절대로 절대로 절대로 포기하지 마라"라고 강조했다. 무슨 일이든 한두 번 실패하더라도 포기하지 않고 꾸준히 노력하면 언젠가 그 끝이 보이고 목표에 도달할 수 있다.

　"실패한 자가 패배하는 것이 아니라 포기한 자가 패배하는 것이다." 유명한 독일 소설가의 의미심장한 말이다.

　군 생활에서 많은 실패와 좌절이 있을 수 있다. 그러나 포기하지 않는다면 대부분 극복할 수 있을 것이고, 그렇게 극복한 경험은 너에게 소중한 자산이 될 것이다. 정말 포기하고 싶을 때 이 말을 꼭 명심해라. 정말 포기하고 싶은 그 순간에 한 걸음만 더 내디뎌봐라.

스스로 변하지 않으면 도태된다

　세계 경제의 무한 경쟁 시대에 굴지의 대기업들도 생존을 위해 끊임없는 자기 개혁을 해나가고 있다. 한때 탄탄했던 대기업이 경쟁에서 밀려나 도태되는 경우를 종종 보게 된다.
　자연에서도 그와 같은 사례를 볼 수 있는데 대표적인 것이 솔개의 갱생 이야기다. 솔개는 가장 장수하는 조류 중 하나로 약 70년까지 살 수 있는데 이처럼 장수하려면 40년 정도 되었을 때 뼈를 깎는 갱생의 결단을 내려야 한다고 한다.
　솔개는 약 40년을 살면 발톱이 노화되어 먹이를 잡아챌 수 없게 되고, 부리도 구부러져 먹이를 날카롭게 찢을 수 없고, 깃털도 두꺼워져 날기가 어려워진다고 한다. 그즈음이 되면 솔개는 그대로 죽든지 고통스러운 갱생의 과정을 거치든지 결단을 내려야 한다고 한다.

갱생하는 솔개는 산 정상 둥지에 머물며 고통스러운 수행을 하는데 우선 부리로 바위를 쪼아 부리가 깨지고 빠지게 해서 새로운 부리가 돋아나게 한다고 한다. 그 후 새로 돋아난 부리로 낡고 쓸모없게 된 발톱을 하나씩 뽑아낸다고 한다. 발톱이 새로 돋아나면 날개의 깃털을 하나씩 뽑아내서 결국 약 6개월이 지나면 완전히 새로운 모습으로 변신하여 추가로 30년의 수명을 더 누린다고 한다. 참으로 경외스러운 행동이 아닐 수 없다.

이렇듯 환경의 변화에 새롭게 적응하기 위해서는 개혁하고 변화해야 한다. 성공하기 위해서는 끊임없이 자기 갱생의 결단을 내리고 실천하여야 하는 것이다. 우물쭈물하다 그 시기를 놓치면 결국 도태되고 만다.

너도 군 생활 기간을 솔개의 갱생처럼 더욱 성숙하고 경쟁력 있는 사람으로 재탄생하는 시간으로 생각하고 노력했으면 좋겠다. 일반 사회와 격리된 그곳에서 너만의 의미 있는 시간을 가질 좋은 기회라고 본다.

약속 잘 지키는 것은 기본 중에 기본이다

　과거 내 친구 중에 사업을 하다 부도를 낸 친구가 있었다. 그런데 그 친구는 부도를 내면서도 빚잔치를 잘해 다시 사업 재기를 할 수 있었다. 빚잔치라는 것이 별거 아니다. 부도 시점을 기준으로 본인에게 남은 재산을 전부 털어 빚쟁이들한테 빚진 금액에 비례해서 모두 갚아주는 것이다. 그 친구는 전 재산을 털어 빚을 갚고 처자식을 데리고 처가로 들어갔다.
　그때 빚쟁이 중 한 명이 이 친구가 끝까지 전 재산을 털어 빚쟁이들과의 약속을 지키는 걸 보고 감명받아 삼성전자에 부품을 납품할 수 있는 사업을 중재해 줬고, 그 덕에 이 친구는 다시 사업을 재기하여 결국 성공하였다.
　사업하는 사람에게 신용이 얼마나 중요한지를 보여주는 단적인 사례다. 하지만 그 반대의 경우도 다반사다. 잘 지내다 약속을 어기고 신뢰감을 잃어 사업도 망하고 인생도 망가진 경우도 허다하게 본다.

아들아, 그래서 꼭 강조하고 싶다. 살면서 약속을 잘 지켜라. 약속을 지키는 것은 신뢰의 기본이다. 지킬 수 없는 약속은 하지도 마라. 만나기로 약속을 했으면 약속 장소에 항상 미리 나가서 기다려라. 급한 일이 있었다거나 차가 밀렸다는 등의 변명은 모두 제 살 깎아 먹는 소리다.

누군가와 약속을 하면 반드시 일정표에 메모해두고, 누군가에게 어떤 일을 해주기로 한 약속, 부득이 돈을 빌리고 갚기로 한 약속 등 모든 약속은 목숨을 걸고 지켜라. 신용은 네가 가진 자산 중에 최우선으로 관리해야 할 첫 번째 자산이다.

약속은 어떤 일이 있어도 꼭 지켜라. 신용은 큰 것에서 판가름 나는 것이 아니고 별거 아닌 듯한 사소한 일에서 판가름 날 수 있다. 비록 척박한 환경인 군에서도 이 원칙은 반드시 지키고 실천하려고 노력하기 바란다.

지금 네 주변 사람들에게 너무 상처받지 말아라

 살면서 다양한 사람들과 만나고 헤어진다. 한때 가깝게 지내다가도 세월이 지나면서 시들해지기도 하고 잘 지내다가도 어느 순간부터 아예 연락도 끊고 사는 경우가 다반사다.
 초등학교 같은 반 친구 중 당시 유독 나를 힘들게 했던 재수 없는 친구를 초등학교 졸업 후 지금까지 한 번도 만난 적이 없다. 또한 중, 고등학교 때 혹은 직장에서 한때 그렇게 나한테 상처를 주던 사람도 어느 순간부터는 아예 볼 일도 없고 서로 소식도 모르고 살게 된다.
 그런데 우리는 그렇게 잠시 만나다 헤어지는 인연들에서 많은 상처를 받으며 심지어는 그 상처를 평생 간직하기도 한다.
 멀리 보고 넓게 보고 살아라. 다 지나고 보면 별거 아니고 잊히게 마련이다.

지금 네 주변에서 너에게 상처를 주고 힘들게 하는 사람이 있더라도 그들 중 대부분은 스쳐 지나가는 인연이고 평생 볼 일 없어 금방 잊힐 사람들인 경우가 대부분이다. 그러니 잘 생각해보고 네가 크게 잘못한 것이 아니면 마음속으로 아예 무시하고 잊어버려라.

마음 졸이고 속을 썩이고 미워해도 어차피 대부분 그들은 네 인생에서 그냥 스쳐 지나가고 잊혀갈 사람들인 경우가 대부분이기 때문이다.

군에서도 마찬가지다. 최대한 잘 지내려고 노력하되 그래도 안 되는 경우는 그렇게 생각하고 너무 스트레스 받지 않도록 해라.

사소한 일에 목숨 거는 우를 범하지 마라

젊은 시절의 폭풍 같던 사랑도 나이가 들면 풋사랑이 되기도 하고, 일생일대의 큰 위기라고 생각했던 일들도 시간이 지나고 나면 별거 아닌 것으로 끝나는 경우가 많다.

어느 순간 어떤 일에 분노했을 때 감정적인 행동은 그동안 힘들게 쌓아 올린 너의 모든 것을 순식간에 날려버릴 수 있다. 그 순간 그런 일에 집착하거나 너의 모든 것을 걸지는 말아야 한다.

생각보다 많은 사람이 한순간의 욕심이나 분노를 이기지 못해 그동안 힘들게 쌓아온 탑을 순식간에 무너뜨리고 만다. 한순간의 감정을 참지 못해 평생 쌓아온 것을 일순간 잃어버리고 가족 모두를 불행하게 할 수 있다.

어느 순간 분노가 끓어오르면 일단 그 자리를 떠나 있어라. 그리고 네가 취할 수 있는 말이나 행동(옵션)을 세 가지만 준비해보고 스스로 자문해봐라. 어떻게 하는 것이 정말 네 인생을 지키는 것인지.

그리고 항상 네 행동 하나에 너와 네 가족의 행복과 미래의 모든 것이 달려있다는 사실을 염두에 두고 행동해라.

군대라는 특수한 곳에서는 항상 건강과 안전이 우선이다. 혹시 정말 참기 힘든 분노가 올라온다면 심호흡을 세 번 하면서 이렇게 생각해봐라. "군 생활은 짧고 나의 남은 인생은 길다. 잠깐 스쳐 지나가는 인연 때문에 길게 남은 내 인생에 오점을 남겨선 안 된다. 대부분 다시 볼 일도 없는, 그냥 스쳐 지나가는 하찮은 인연이다"라고.

물론 군대에서 맺은 인연이 평생 가는 귀중한 인연으로 이어질 수도 있다. 그러나 그런 경우는 많지 않을 것이고 대부분 스쳐 지나가는 인연일 것이다.

너는 너답게 사는 용기가 필요하다

　현재 우리 사회에 대해 '체제는 자본주의이나 의식은 공산주의'라는 말이 있다. 대부분의 사람들이 타인의 삶에 지나치게 관심을 두고 참견하며 살아간다는 지적이다. 즉, 서로가 늘 타인의 시선을 의식하며 피곤하게 살아가고 있다는 것이다.

　집단주의 사회에서는 서로가 지켜보고 있다는 생각에 늘 긴장되고, 남을 의식하며 살게 된다. 그러다 보니 늘 주변 사람들에게 인정받으려 하고, 되도록 타인의 기대나 요구에 맞춰 살려고 한다.

　과거에 '미움받을 용기'라는 책이 베스트셀러였던 적이 있다. 집단주의적 성향이 강한 우리 사회에서 타인의 시선을 의식하고 두려워하며 살지 말고 자기 주도적으로 당당하게 살 것을 권하는 내용의 책이다.

남의 시선을 신경 쓰고 남에게 인정받으려고 살다 보니 그만큼 감정과 시간의 낭비를 하고 진정 내가 원하는 삶을 살지 못한다는 것이다. 이젠 남들에게서 인정받지 못해도 좋다는 용기를 가져야 한다. 주변의 이목에 얽매이지 말고 자유롭게 내가 원하는 삶을 살아야 한다.

모든 사람과 다 잘 지낼 수는 없다. 상대가 불편해할지라도 때로는 거절해야 하고 때로는 깐깐하게 굴기도 해야 한다. 언제나 세상의 중심은 너 자신이어야 한다.

쉽지 않은 얘기지만 군대에서도 한 번쯤 이 생각을 하면서 지냈으면 좋겠다. 모든 사람에게 인정받지 못하더라도 너 자신을 의연하게 지키는 힘을 군대에서 길러봐라.

모든 사람으로부터 다 인정받기는 쉽지 않다는 것을 당연하다고 생각해라. 너를 인정하지 않는 사람에 대해 너 스스로가 최선을 다했다면 그 사람의 태도를 덤덤하게 받아들이는 용기를 가져봐라. 그 사람이 문제일 수 있다는 것이다.

자유로움에도 기본기가 있단다

　모든 운동이나 춤 등을 배울 때는 먼저 기본기를 배운다. 다소 딱딱하고 경직된 기본 동작을 익히고 숙달한 후에 점차 유연한 응용 동작을 배우고, 이어서 자유로운 동작이 나온다.
　추상화가도 처음부터 대중들이 보는 것처럼 난해한 추상화를 그리는 게 아니라고 한다. 가로 선과 세로 선을 반듯하게 그리는 습작을 수없이 하고, 오랜 시간 사물을 있는 그대로 표현하는 연습을 거쳐, 조금씩 틀에서 벗어나는 그림을 그리다가 마침내 어느 틀에도 얽매이지 않는 자신만의 자유분방하고 개성 넘치는 추상화를 그린다고 한다.
　그러니 정해진 기본적인 틀이 진부하다고 해서 거부할 것이 아니다. 기본 틀을 익히기 위한 부단한 연습과 수행을 거친 후에야 진정으로 창의적이고 의미 있는 자유로움을 얻을 수 있기 때문이다.

아들아, 창의적인 결과물을 얻기 위해서는 정해진 틀에 얽매이면 안 되지만 최소한의 기본기와 윤곽을 익히기까지는 정해진 틀에서의 연습과 숙련이 필요하단다. 매사에 기본기를 익히고 익숙해지기까지 그 과정을 지루해하지 말고 열심히 수련하는 과정을 거쳐야 한다.

군에 가면 총검술이나 제식동작을 배우면서 이런 경험을 많이 하게 될 거다. 사람 간의 관계도 마찬가지라 생각한다. 군대에서의 각종 생활규칙이나 지시들이 불필요하거나 불합리하게 느껴질 수도 있다. 하지만 단체생활에는 그런 기본적인 규칙들이 전제되어야 자율과 융통성의 조화로움이 가능해지는 것이다.

경험은 최고의 스승

젊어서 고생은 사서도 한다는 말이 있다. 요즘의 MZ세대에게는 이런 얘기가 불합리하게 들릴지 모르겠지만 아빠 세대는 이 말을 당연한 것으로 받아들였다. 그래서 나도 젊어서 무전여행을 두 번이나 해봤다.

좋은 것이든 나쁜 것이든 모든 배움은 경험에서 나온다. 경험하면서 자연스럽게 받아들여지고 습득이 되는 것이다. 어찌 보면 행복이라는 것도 경험과 관련이 있는 것 같다. 가난을 겪어본 사람만이 돈이 주는 행복을 알고, 밤새 쉬지 못하고 일해본 사람만이 휴식이 주는 행복감을 알 것이다.

백문이 불여일견이라고 하듯이, 살면서 직접 경험해보지 않고는 알 수 없는 일들이 많다. 그중 직접 현장에서 고생을 경험해보는 것이 정말 내 마음에 와닿고 진정으로 체감이 되는 좋은 공부방법이라고 생각한다.

그래서 경험은 가장 위대한 스승이라 할 수 있다. 그러니 가능한 많은 것을 경험해보는 것이 좋다. 군 생활을 하면서 당장은 힘들고 피하고 싶겠지만 힘든 훈련 과정이나 부담스럽고 눈치 보이는 일상생활들도 군대가 아니면 해볼 수 없는 좋은 경험이다.

입대 전에는 네가 원하는 사람이나 너와 비슷한 사람들 위주로 만나면서 살아왔겠지만 네 의지와 무관하게 다양한 사람들과 동고동락하다 보면 정말 세상만사와 다양한 사람들을 경험할 좋은 기회가 된다.

부디 힘들다거나 피하고 싶다고만 생각하지 말고, 이다음 전역을 한 뒤 직장에 다니면서 겪어야 할 세상살이를 위한 좋은 사람 공부의 기회라고 생각하고 긍정적이고 좋은 의미로 받아들이고 경험했으면 좋겠다. 그런 측면에서 군대란 조금 빡센 MT의 일종이라고 생각해라.

내가 군대 시절 다양한 스펙트럼의 사람들을 경험해 본 것이 경찰 생활에서도 다양한 사건 관련자들을 이해하는 데 큰 도움이 되었던 것 같다.

헤어짐을 받아들일 줄 알아야 한다

우리가 사는 인생살이는 끊임없는 만남과 헤어짐으로 이어진다. 만남은 설레고 기쁘지만, 헤어짐은 누구나 슬프고 피하고 싶다.

우리도 할아버지, 할머니와 이별을 했고 최근에는 똘이(푸들 강아지)와도 이별을 했지. 그 외에도 초, 중, 고등학교를 졸업하면서 친구들과도 이별을 했고, 앞으로 군에서 제대하면서 또 전우들과도 이별할 테지. 우리는 그렇게 크고 작은 이별을 경험하면서 살아간다.

그런데 살다 보면 부담이 적은 이별도 있지만, 사랑하는 연인과의 이별이나 사랑하는 부모님, 가족처럼 지내던 반려동물과의 이별 등 참으로 고통스럽고 힘든 순간들이 생긴다. 하지만 그 고통은 누구나 살아가면서 언젠가 겪게 되는 피할 수 없는 숙명이라 할 수 있다.

불교 가르침 중 會者定離 去者必返(회자정리 거자필반)이라는 문구가 있다. "만난 자와는 언젠가 헤어지게 되고 떠나간 사람은 반드시 돌아오는 법"이라는 뜻이다.

사랑하는 연인이 네 곁을 떠나고 나면 네가 더 많이 사랑하게 될 사람이 반드시 나타날 것이고, 사랑하는 부모님이 돌아가신다면 더 큰 사랑의 대체물인 예쁜 자녀가 찾아올 것이다.

그리고 절대불변의 진리가 있는데 세월이 약이라는 것이다. 사랑하는 사람과 이별하고 죽을 것 같은 고통이 찾아오고 도저히 잊을 수 없을 것 같아도 세월이 지나면 무뎌지고 잊히며 또 다른 사랑을 하게 된다는 것이다.

우리네 인생에 있어 만남과 사랑 그리고 이별은 누구나 피해 갈 수 없는 인생의 숙명이다. 이별의 아픔도 세월의 흐름 속에 치유되고 또 다른 만남과 사랑으로 이어지니 한순간의 이별에 너무 절망하지 말아라. 헤어짐은 반드시 또 다른 만남으로 이어지는 법이다.

어릴 때 폭풍우도 나이 들면 가랑비란다

완전 내 스타일

건희야, 너도 생각이 나는지 모르겠다. 네가 초등학교 3~4학년 때쯤 강원도 삼척에 있는 환선굴에 가족 여행을 갔을 때 동굴 입구에서 파는 장난감 나무 칼을 사달라고 떼를 써 결국 사주긴 했지만 아빠한테 많이 혼이 났지. 그때는 네가 왜 그렇게 장난감에 집착했는지 모르겠다.^^

장난감이 뭐라고 그렇게 떼를 쓰고 세상이 무너질 듯 대성통곡해서 가족들 여행 분위기를 망치고, 게임이 뭐라고 그렇게 엄마한테 심하게 혼나면서까지 집착했는지…. 지나고 나면 다 헛웃음이 나올 거야.

또한 젊은 시절의 폭풍 같던 사랑도 나이가 들면 풋사랑이 되고, 인생에서 절체절명의 위기라고 심각하게 생각했던 일들도 세월이 가서 나이 들어 되돌아보면 한낱 가랑비에 불과했다는 생각이 들기도 한단다.

한때는 영원할 것 같은 사랑에 취해 여자친구의 이름을 자기 몸에 문신했던 친구들이 세월이 지나고 난 뒤 후회하는 경우도 그 한 예가 될 것 같다.

그러니 젊은 시절 노는 것도 그렇고 사랑도 그렇고 한순간의 열정에 모든 것을 걸거나 무조건적인 가치를 두지는 말아라. 모든 것에 순간순간 의미는 있지만 인생을 길게 보면 시간이 흐르면서 그것에 대한 너의 주관적 가치관도 달라진단다. 현재를 살되 항상 미래도 염두에 두어야 한다.

잠을 잘 자는 것도 삶의 중요한 전략이다

　내가 좋아하는 친한 형님 중 '행백(행복한 백수)이 형'이라고 한의사가 있다. 그분은 "우리의 건강 유전자는 아직도 구석기인 그대로이니 구석기인처럼 먹고 자고 생활해야 건강할 수 있다"고 주장한다. 우리 인류가 구석기 수십만 년 동안을 살면서 지켜온 생체 리듬을 그래도 수천 년의 신석기 시대엔 지켜왔는데 불과 100여 년도 채 되지 않는 현대의 생활 변화가 아직도 구석기인의 생체리듬을 가진 우리 건강을 해치고 있다는 것이다.

　구석기인들은 어두워지면 잠을 잤고 밤에는 음식을 먹지 않았으며 날이 밝으면 일어나서 흙을 밟고 햇볕을 쬐며 일을 했고, 식량이 떨어지면 며칠씩 굶주리는 간헐적 단식을 했는데 그런 측면에서 보면 요즘 우리는 건강에 해로운 일들을 너무 많이 하면서 사는 것 같다.

그중에서 특히 잠을 잘 자는 것이 매우 중요하다고 한다. 잠은 우리 삶의 중요한 일부다. 잠을 잘 자야 다음 날을 제대로 보낼 수 있는데, 현대인은 잠을 제대로 못 자는 경우가 많다. 게임에 스마트폰, 야식에 잠잘 타이밍을 뺏기고 있기 때문이다.

경찰관과 교도관, 소방관들은 퇴직 후 병치레도 많이 하고, 평균적으로 건강 수명이 한국인 평균보다 짧다고 한다. 그 이유는 재직 중에 교대 근무를 하기 때문이라고 한다. 교대 근무가 그만큼 건강에 치명적이라는 것이다. 즉, 밤에는 구석기인처럼 잠을 자야 하는데 밤에 일하고 먹고 함으로써 생체 리듬에 맞지 않아 건강을 해치기 쉽다는 것이다.

군대에서 불편한 점이 많겠지만 그래도 규칙적인 잠과 식사는 건강에 큰 도움이 될 것이라 믿는다. 군에서 이 습관을 잘 체득하여 전역 후에도 밤 11시 이전에는 잠자리에 드는 건강한 수면 습관을 생활화했으면 좋겠다.

치열한 직장 생활에서 남들보다 명료한 집중력을 발휘하는 것도 큰 무기가 될 것이다. 그래서 잠을 잘 자는 게 삶의 중요한 전략이 될 수 있다고 생각한다.

아들이 상병일 때 보낸 편지들

군에 입대해서 이제 어느 정도 적응이 되었을 때다. 지금부터는 군대 생활도 좀 더 슬기롭게 해나가고 군대 전역 후까지 생각하면서 자기 계발에도 힘썼으면 좋겠다.

어디서나 친구 만들기가 쉽지 않다

이 얘기도 네 엄마한테서 들은 얘기다. 건희 네가 과거 한때 친구 문제로, 즉 친구가 많지 않다고 고민한 적이 있다고 들었다. 그런데 그런 고민은 사실 누구나 한단다. 아빠도 친구가 많은 것 같지만 실제로 친구가 몇 명이나 되는지 스스로 확신이 서지 않을 때가 많다.

인간은 사회적 동물이라서 남녀노소를 불문하고 친구 없이는 살 수 없는 존재인데, 요즘은 특히 SNS를 통해 다양한 친구들이 있는 것 같지만 그런 많은 교류 속에서도 가끔 공허해지고 외로움을 느끼는 게 현재 우리의 모습인 것 같다.

누군가와 친구가 되기 위해서는 어떤 계기가 있어야 하는데 그 계기를 만들기가 쉽지 않다. 공식적이고 여럿이 만나는 것만으로는 아무리 자주 모여도 친해지기가 쉽지 않다.

그러니 우선 2~3명의 소그룹으로 만나는 노력이 필요하고, 만나서는 개인적 관심사나 가정사에 대해 깊은 얘기를 나누면서 공감대를 만들고 의기투합할 기회를 만드는 것이 필요하다. 그러기 위해서는 만날 약속을 잡거나 메뉴를 정할 때도 네가 먼저 양보하고 배려하는 노력이 필요하다.

그다음은 너 자신을 진솔하고 솔직 담백하게 오픈하고 표현할 필요가 있다. 너의 약점과 단점 및 가정사나 개인적 허물, 그리고 성장 과정에서의 고생담이나 과거 실수한 얘기 등을 터놓고 정서적 공감대를 만드는 것이 중요하다.

이효리나 화사 같은 연예인들이 인기 있는 이유도 잘난체하지 않고 자기 단점을 거침없이 보여주기 때문인 것 같다. 군에서는 함께 숙식을 하니 친해지기 쉬운 측면도 있지만, 반대로 계급사회인지라 운신의 폭이 좁아 친해지는 데 장애물도 있다. 그러나 군대라고 특별할 건 없다. 네가 먼저 오픈하고 솔직 담백하고 진솔하게 다가가면 상대방도 비례해서 마음의 문을 열 것이다. 군대에서 친구 사귀는 연습을 많이 해봐라. 좋은 경험이 될 것이다.

뭔가를 잘하는 사람들은 다 요령이 있더라

 살아가면서 남들 앞에서 뭔가를 발표하는 일은 불가피하다. 학교에서나 직장에서는 물론 심지어 동창회나 친구들끼리 놀러 가서도 여러 사람 앞에서 뭔가를 설명하고 발표해야 할 일이 생긴다.
 그런데 남들 앞에서 뭔가를 발표한다는 것은 누구나 긴장되고 부담스럽기 마련이다. 특히 발표가 평가를 받기 위한 경우이거나, 서로 경쟁하는 경연이라든지, 또는 윗분들에게 뭔가를 설득해야 하는 경우는 더욱 긴장될 수밖에 없다.
 그런데 어떻게 하면 남들보다 발표를 잘할 수 있을까? 내 경험상 발표를 잘하는 사람들은 두 가지 특징이 있더라. 첫 번째는 발표를 준비할 때 최소한 10번 이상을 연습하더라. 뻔한 내용이고 이미 익숙한 내용일지라도 발성, 음색이나 속도, 그리고 적절하게 쉬어가는 타이밍 등에 대한 다양한 시도와 연습을 통해 여유 있고 안정적인 발표 준비를 한다.

두 번째는 발표를 연습할 때 자기 최면을 거는 것이다. 발표를 윗사람 또는 나를 잘 모르는 사람들을 대상으로 하는 게 아니라 나를 잘 알고, 나에게 호감을 가지고 있는 아랫사람들에게 발표한다는 자기 최면을 건다는 것이다. 평소 잘 알고, 나를 좋아하는 사람들에게 내용을 알려주는 것으로 자기 최면을 걸면 훨씬 편안하고 안정적으로 발표를 할 수 있단다.

연예인들이나 스포츠 스타들도 초창기 신인 시절 인터뷰 때는 음색도 불안정하고 어색하게 말하다가도 어느 정도 인기가 올라가고 인지도가 높아지면 훨씬 여유롭고 안정적으로 인터뷰를 하는데, 그런 이유 때문이란다. 남들이 자신을 잘 알고 호감을 갖고 있음을 알게 되면서 마음의 여유와 자신감이 생기는 것이다.

무슨 일이든 성공하려면 지독한 열정이 있어야

집중 또 집중

　무슨 일이든 남들이 하는 만큼만 해서는 성공하기가 쉽지 않다. 성공한 사람들은 모두가 지독한 고독과 외로움을 참고 견디며 한 가지 일에 몰두한 사람들이다.
　하이에나 무리는 자신들보다 몸집이 몇 배나 큰 코뿔소를 잡곤 한다. 그렇게 큰 코뿔소를 잡을 수 있는 것은 몇 날 며칠이 걸려도 포기 않고 계속 추격하기 때문이라고 한다. 동물 중에 잔인하기로 유명한 늑대는 한 번 공격 목표를 정하면 절대 포기하지 않는데, 한 번 문 것은 이빨이 부러져도 놓지 않는다고 한다.
　자신의 목표에 악착같이 달라붙어야 성공이라는 달콤한 열매를 얻을 수 있다. 되면 좋고 안 되면 말고 식의 태도로는 이루어지는 게 없다. 성공하지 못한 이유는 대부분 머리가 나빠서가 아니라 집념이 부족했기 때문일 수 있다.

아들아, 꼭 명심해라. 성공한 사람들은 결코 한두 번의 시도로 끝내지 않는다. 무슨 일이든 성공하려면 미쳐야 한다. 그리고 목표를 향해 모든 것을 걸고 독하게 매달려야 한다.

군대 생활도 마찬가지다. 새로운 환경에 적응하고 숙달될 때까지 열정을 가지고 집중해 익혀야 한다. 혹시 어려움이 있더라도 열정을 가지고 반복해서 익히고 숙달하기 위해 매달리고 집중해야 한다. 아무리 하찮아 보이는 일도 성공하기 위해서는 열정과 집중이 필요하다.

체면상 하는 말의 속뜻을 잘 알아차려야 한단다

　너처럼 MZ세대들은 좀 이해가 안 갈 수 있는 얘긴데, 서양과 달리 체면을 중시하는 우리 정서와 관련된 얘기다. 너도 앞으로 직장을 다니는 등 사회생활을 해야 하고, 결혼하면 처가 어른들과도 잘 지내야 하니 이 얘기로부터 자유로울 수는 없을 거다. 꼭 참고했으면 좋겠다.
　서양 문화는 마음속에 있는 얘기를 있는 그대로 표현하고 상대방도 그대로 받아들인다. 그러나 우리 정서에선 속마음을 있는 그대로 표현하지 않고 에둘러 말하거나 체면치레 상 본마음과 달리 말하는 경우가 많다. 이럴 때 상대방이 인사치레로 하는 말과 실제 속마음이 다른 경우가 많은데 이때 어떻게 처신해야 하는지에 대한 얘기다.
　상대방이 체면치레로 하는 말의 속뜻을 모르고 진정한 의도를 파악하지 못하면 실수를 하거나 상대방에 대한 배려를 제대로 못 하는 일이 생길 수 있다. 너도 식당 계산대 앞에서 서로 밥값을 내겠다고 몸싸움을 하는 모습이나, 택시 정거장에서 택시비를 주겠다느니 안 받겠다느니 하는 실랑이를 가끔 봤을 텐데, 그 이유를 알 수 있는 우리 정서에 관한 얘기다.

단적인 예를 들어본다. 서양인 며느리를 본 어느 집에 시어머니 친구들이 놀러 왔단다. 서양 며느리가 신기하고 어떻게 하는지 보고 싶어 온 것이다. 이윽고 점심시간이 되었는데 시어머니 친구들이 체면상 "점심 준비하기 고생스러우니 그냥 짜장면이나 시켜 먹자"라고 얘기했더니, 그 말을 곧이곧대로 믿은 서양인 며느리가 짜장면을 시켰다가 나중에 시어머니에게 크게 혼났다고 한다. 외국인 며느리 입장에서는 짜장면 먹자고 해서 짜장면 시킨 건데 도대체 뭐가 잘못되었냐고 억울해할 것이다.

그러나 체면상 짜장면 먹자고 한 것이라는 저의를 잘 이해하고 "아니에요. 처음 오셨는데 제가 식사 준비할게요"라는 식으로 처신을 해야 하는 것이 우리 정서에 맞다. 군대에서도 이런 일들이 많이 있을 거라 생각된다. 군대에서도 항상 상대방 말의 속뜻을 잘 살펴야 한다. 군대에서 그런 공부를 한다고 생각하고 열심히 노력해봐라. 큰 도움이 될 것이다.

매사에 작심3일이 되지 않도록 노력해라

건희도 올 연초에 새해 목표를 세웠겠지. 금연을 하겠다, 틈나는 대로 외국어를 집중적으로 마스터하겠다, 살을 빼겠다 등등. 연초에 목표를 정해도 결심을 끝까지 실천하는 데 성공하는 사람은 매우 드물다.

그 이유는 평소에 하던 대로 게임을 하거나 잠을 자거나 심지어 술을 마시고 노는 행동이 주는 쾌락에 내 의지가 굴복하기 때문이란다. 즉, 공부하는 것도 쾌감을 주지만 며칠 지나지 않아 몸에 밴 옛날 쾌락을 다시 누리고 싶은 마음이 강렬하기 때문이라고 한다. 그렇게 마음에 굴복한 결과가 작심 3일의 실패로 이어진다는 것이다.

사람은 의지대로 자신을 끌고 가는 것 같지만, 실제로는 욕망에 자신이 더 많이 끌려가는 연약한 존재다. 그래서 애초에 마음먹은 대로 실천하지 못하고 중간에 우리의 목표를 잃어버리고 만다.

하지만 꼭 당부하고 싶다. 무슨 일이든 한 번 마음 먹은 일은 비록 그 일이 성공적이진 못하더라도 꼭 끝까지 실천해 보길 권한다. 한 번 끝까지 완주하고 나면 거기에서 오는 만족감과 성취감이 자신감으로 바뀌고 작심 3일을 극복하는 큰 자산이 될 수 있다고 한다.

그러니 무슨 일이든 시작에 앞서서 실천할 수 있는지 심사숙고해서 결심하고, 결심이 섰다면 일단 끝까지 실천하는 습관을 들여봐라. 그러다 보면 자신감이 생기고 계획을 끝까지 실천하는 습관이 몸에 배게 될 것이다. 그래서 우선 쉬운 목표를 정하고 몇 번 끝까지 실천해 보는 게 중요하다. 작심3일의 무기력증을 벗어나기 위한 전략적인 노력을 해봐라.

남을 함부로 비난하지 마라

　세상에서 제일 쉬운 일은 남의 약점을 보는 것이고, 가장 어려운 일은 나의 약점을 보는 일이라고 한다. 나를 아프게 하는 사실은 인정하고 싶지 않고, 뻔히 보여도 외면하고 싶은 게 사람 마음인 듯하다.
　또한 인간의 가장 중요한 욕구 중 하나가 남에게서 인정받는 것이다. 인간은 인정받기 위해 산다고 해도 과언이 아니다. 그래서 분명 자신이 잘못한 것을 알면서도 그것을 비난하면 마음이 불편해지는 것이다.
　그러니 남을 함부로 비난하지 마라. 특정인을 욕하면 그 욕은 어떤 경로를 통해서든 비난받은 당사자 귀에 들어갈 수 있고 그러면 너만 난처해진다. 네 얘기를 전하는 사람은 너의 입장을 배려하거나 조심해 주지 않기 때문이다.

상대방이 없는 자리에서 뒷담화를 하는 것도 마찬가지다. 그 얘기가 십중팔구는 그 사람 귀에 들어갈 텐데, 뒷담화는 그걸 하는 사람과 면전에서 듣는 사람, 그리고 당하는 사람 모두에게 상처가 될 수 있다.

어떤 사람이 너에게 명백한 해를 끼치거나 면전에서 너를 비난하는 경우가 아니면 되도록 남에 대해서 직접적인 비난은 하지 마라. 우회해서 잘못을 지적해 주면 된다. 위험을 감수하면서까지 비난을 하지 말라는 얘기다.

총에 맞은 상처는 치료할 수 있어도 말로 얻어맞은 상처는 치료하기 힘들다는 말이 있다. 너의 비난으로 상처받은 상대방은 그 마음의 상처를 오래오래 안고 가면서 너를 원망하고 비난하게 마련이다.

내가 아는 한 선배는 모든 사람을 대할 때 좋아하는 것처럼 대한다. 그를 만난 사람들은 모두가 그가 자신을 좋아한다고 착각한다. 실제로 모든 사람을 믿고 좋아할 수는 없을 텐데 그분은 처세를 잘하고 있는 것 같다. 그래서 그 주변의 거의 대부분 사람들은 그를 좋아하고 그를 잘 따른다. 이왕이면 상대방에게 호감을 표하고 칭찬을 해줌으로써 그 역시 너에게 호감을 갖게 하는 것도 삶의 지혜인 듯하다.

널 무시하는 놈이 있다면 반드시 담판을 지어라

이건 내가 30년 가까이 직장 생활을 하면서 뼈저리게 느낀 것 중 하나다. 살다 보면 누구든 너를 비난할 수도 있고 무시할 수 있다. 무시하는 거야 그놈의 주관적인 판단이니 어쩔 수 없지만 네가 잘못한 게 없는데도 계속해서 너를 무시하는 놈이 있다면 어떻게 대응해야 할지에 대한 이야기다. 누구나 한 번쯤 겪게 되는 문제일 수도 있다.

너를 무시하는 행동을 계속 내버려 두면 너의 자존심도 상하고 그놈은 계속해서 너를 더욱 무시하게 될 거다. 그러니 적당한 시기에 명분을 잡아서 그놈과 담판을 지어야 한다.

그놈한테 그놈이 "무슨 얘기로 어떻게 나를 무시해서 내 기분이 나쁘다"고 분명히 얘기를 하고, "앞으로 계속 그러면 가만히 있지 않겠다"고 분명한 어조로 얘기해라. 그리고 "향후 그렇지 않기를 바라는데 어떻게 할 것이냐"고 그놈한테 분명하게 물어봐라.

그러면 그놈은 나름대로 핑계를 대고 변명을 하겠지. 일단 얘기를 들어주고 나서 다시 한번 물어봐라. 앞으로 어떻게 할 것인지.

그놈이 앞으로는 그러지 않겠다고 하면 "알았다, 지켜보겠다"고 마무리하면 된다. 그놈이 더 이상은 네가 호락호락한 사람이 아니고 함부로 할 사람이 아니라는 점을 깨닫게 될 거다.

그런데 만약 그놈이 각종 핑계를 둘러대면서 앞으로도 계속 무시하겠다는 식으로 나오면 그놈한테 분명히 얘기해라. "지금의 상황과 당신의 반응을 주변 사람들에게 알리겠다"고.

이런 얘기는 주변에 사람이 있을 때 공개적으로 하는 것이 더 좋다. 그리고 실제로도 주변 사람들에게 있는 그대로 알려줘라. 그놈이 어떤 잘못을 했는지. 그 얘기는 언젠가 그놈 귀에도 들어갈 거고 그놈도 다시 고민을 해보겠지. 아마 계속 너를 무시하기는 어려울 거다.

내 경험상 군대에서도 이런 일이 많다. 비록 계급사회이고 선·후임의 위계질서가 있지만 그래도 비슷한 또래들이 지내다 보면 서로 감정적 대립이나 개인적인 선호에 따른 친소관계가 표면으로 드러나서 문제가 되곤 한다.

만약 선임의 경우에도 터무니없이 너를 무시하거나 안 좋은 뒷담화를 하고 다니면 위와 같이 기회를 봐서 분명하게 따져라. 누가 봐도 사실과 다른 얘기로 너를 험담하거나 무시한다면 개인적으로 만나서 대든다는 느낌을 주지 않는 선에서 점잖게 명분을 잡아 얘기하고 항의해라.

후임이 그런 행동을 하는 경우에도 그렇게 하는 것이 마찬가지 효과가 있다고 본다. 누가 봐도 네 말이 옳다는 인식을 줄 수 있는 명분과 논리로 따지면 아무리 군대라고 해도 그 정도는 통한다.

분명한 건, 어떤 놈이 계속해서 너를 무시하는데도 귀찮고 엄두가 안 난다는 핑계로 오래 방치하면 절대 안 된다는 점이다. 감정적으로 하지 말고 차분하게 명분과 논리를 앞세워서 해라. 아무리 선임이라도 너의 얘기가 논리적이고 이치에 맞는데 함부로 계급으로 누르거나 변명으로만 일관할 수는 없을 것이다. 분명히 너에 대해 부담을 느낄 것이고 계속 무시하지는 못할 것이다.

아빠의 경험 | **그때 그럴걸**

사람은 반추의 동물이라고 한다. 스스로 과거를 되돌아볼 줄 안다는 것이다. 그러다 보니 부지불식간에 과거 언젠가 있었던 일이 떠오르면서 그때 내가 했던 행동이나 말에 대해 뒤늦게 후회하고 아쉬워하곤 한다. "내가 그때 왜 그랬을까" "아~ 그때 내가 이렇게 했어야 하는 건데" 하면서.

나 역시 그런 경험들이 있는데 그중 하나가 과거에 나에 대해 자꾸 뒷담화를 하는 어떤 녀석을 그때 따끔하게 혼내주고 담판을 짓지 못한 것이 못내 후회되고 아쉬워 그때 생각이 날 때마다 기분까지 안 좋아진다. 그놈은 그 이후로 분명 나를 만만하게 보고 있을 것이다.

그때 그놈을 따끔하게 혼내고 경고를 했어야 했다. 지금도 참으로 많이 후회된다. 물론 따지고 보면 그럴 만한 사정이 있기는 했다. 내가 도경에 근무할 때였고 내가 휘하에 데리고 있는 식구가 30명이나 되다 보니 이런저런 이유로 자유롭지 못했다. 또한 승진을 앞둔 터라 조그만 잡음도 부담이 될 것 같아 좋은 게 좋은 거라는 식으로 쉬쉬하며 지내다 보니 그랬던 것 같다.

나보다 어린 놈하고 다투거나 대외적으로 잡음이 생기면 내가 더 욕먹을 거라는 생각과, 어차피 내가 승진해서 떠나면 더 이상 볼 것도 아니라는 생각, 그리고 그놈과 얘기하기도 싫고 약간은 귀찮게 생각하다 보니 그냥 피해버린 측면이 있었던 것 같다.

그러나 지나고 보니 아무리 생각해도 내가 필요 이상으로 너무 조심했던 것 같다. 인생을 살다 보면 그런 사람을 만나게 된다. 그런 경우 귀찮다고 피하거나, 안 보면 그만이라는 생각에 소극적으로 대응할 것이 아니라, 이건 아니다 싶을 때는 안 내켜도 담판을 짓고 정리를 해야 하는 것 같다.

어떤 일이 있어도 군대 폭력만은 절대 안 된다

과거에는 학교 폭력으로 눈에 띄는 신체적 폭력에 초점이 맞춰져 있었지만 요즘은 왕따 등 정신적 피해와 사이버상 따돌림의 영역으로 그 범위가 확대되고 있다.

최근 학교 폭력은 단순한 청소년 일탈 수준을 넘어서 사이버 폭력, 미투 폭력 등이 늘어나고 있다. 그런데 학교 폭력과 왕따 문제는 교육 경쟁에서 원인을 찾을 수 있다는 주장이 있다.

경쟁이 과도해지면서 사교육은 더욱 심해지고, 초등학교나 중학교 학생들이 경쟁 압박에 시달리게 되면서 스트레스가 심해지고 공격성이 심해진 것이 학교 폭력의 원인 중 하나라는 설명이다. 그러나 어떤 이유에서든 학교 폭력은 정당화될 수 없다.

그 연장선상에서 군대 폭력도 절대 용납될 수 없다. 과거 군대 총기 사고의 원인 중에도 선·후임들의 심각한 왕따로 인한 감정 폭발이 있었다. 피 끓는 젊은 청춘들이 모여 있다 보니 서로 갈등도 있을 수 있고 격한 감정 대립도 발생한다. 그러나 어떤 경우라도 폭력은 절대 안 된다.

'도끼는 잊어도 나무는 잊지 않는다'는 말이 있다. 산속에서 나무를 찍고 다니는 도끼는 언제 어디서 어떤 나무를 찍었는지 기억하지 못하지만, 도끼에 찍힌 나무는 평생 그 도끼의 가해를 잊지 않는다는 얘기다. 행동으로든 언어로든 도끼질을 당한 사람은 그 가해자를 평생 잊지 못한다.

아들아, 어떤 일이 있어도 폭력은 절대 안 된다. 최근에는 스포츠 스타나 유명 연예인들도 과거 학교 폭력 전력이 드러나 사회적 지탄을 받거나 퇴출당하는 분위기다. 과거의 학교 폭력이 평생 언제 터질지 모르는 시한폭탄이 되고 있는 것이다. 당연히 군대 폭력도 그 연장선상에 있다.

술자리는 즐겁게 그러나 절대 안전하게

 우리 일상생활에서 술을 안 마시고 살아가기는 쉽지 않다. 술을 통해 많은 사회적 교류가 이루어진다. 그러나 술은 적당히 잘 마셔야 한다. 주변을 둘러보면 술 때문에 잘된 일도 많겠지만 술 때문에 사고가 나고 잘못된 경우를 너무 많이 보게 된다. 술을 마시고 음주운전을 하거나 술을 마시고 싸워 인생을 망친 경우도 많이 보고, 술 때문에 회복할 수 없는 엄청난 실수를 범하기도 한다.
 그러므로 술을 많이 마셔야 할 경우는 반드시 안전한 곳에서 마셔야 좋다. 안전하다 함은 평소 잘 아는 단골집이거나 갑자기 술에 취해 변수가 생겨도 현장에서 도움을 받을 수 있는 그런 장소를 말한다. 그러기 위해서는 평소에 술집을 몇 군데 정해 놓고 단골로 다니는 것도 좋은 방법

중 하나다.

아울러 술을 마신 후 귀가할 때도 반드시 대리운전을 시키거나 택시를 타서 안전하게 귀가해라. 이때만큼은 돈을 아끼지 말고 써라. 그리고 술자리에 동석한 사람들도 끝까지 챙겨라.

평소에는 근검절약하고 술값은 아끼더라도 술을 마신 후 현장을 정리하고 안전하게 귀가하는 데는 돈을 아끼지 말고 안전을 최우선에 둬라. 그때 쓰는 대리비와 택시비는 네 인생의 품위 유지비이고 가정의 행복을 지켜주는 가정 행복 보험료라고 생각해라.

군대 내에서는 음주 기회가 많지 않겠지만 그때도 조심하고, 휴가를 나왔을 때는 자칫 들뜬 기분에 과음하기 쉬우니 그때도 명심해라. 음주는 적당히, 그리고 술자리는 안전하게. 그리고 술자리 후 귀가할 때는 돈을 아끼지 말고 안전한 방법으로 귀가해야 한다는 점을.

인생을 살면서 몇 가지 중요한 변수가 있는데 그중 하나가 음주다. 음주는 즐거운 일이면서도 일생일대의 큰 변수가 될 수도 있는 긴장된 순간이라는 사실을 항상 명심해라.

독서를 생활화해야 하는 이유

역사적으로 성공한 사람들이나 현재 우리 사회에서 앞서가는 사람들에게서 성공인의 코드를 찾아보면 크게 세 가지 공통점이 있다고 한다.

첫째가 다양한 분야에 대한 깊이 있는 지식, 둘째는 사물을 보고 그 이면까지 꿰뚫어 볼 수 있는 탁월한 식견(즉 세상의 이치를 판단할 줄 아는 지혜), 셋째는 남들로부터 공감과 존경을 받을 수 있는 인성이라고 한다. 성공하려면 이 세 가지를 갖추어야 한다는 것이다.

이를 갖추기 위해서는 어떻게 해야 할까. 지식은 배움과 관련이 있고, 식견은 그 배움을 활용하는 지혜와 관련된다. 그리고 인성은 스스로 배우고 익히며 자기성찰을 통해 자신을 단련함과 관련되어 있다.

세계적으로 큰 영향력을 가진 빌 게이츠는 오늘의 자신을 있게 한 요소로 그가 살던 마을의 작은 도서관을 꼽을 만큼 독서광이었다고 한다. 세계적인 투자가로 큰 존경을 받는 워런 버핏도 투자의 황금 손이 된 비결로 평생의 지독한 독서 습관을 들었다.

독서를 통해 다양한 분야에 걸쳐 깊이 있는 지식을 쌓고, 사물을 분별할 수 있는 식견을 가질 수 있다. 아울러 바람직한 처세 등을 공감하고 습득하며 자신을 되돌아보고 가다듬게 된다.

아무리 아는 것이 많고 남다른 재주가 있어도 식견, 즉 세상의 이치에 대한 지혜가 없으면 한순간의 잘못된 판단으로 실패하기 쉽다. 또한 아무리 크게 성공해도 남들에게 인정받는 훌륭한 인성을 갖추지 못하면 그 명성은 빛이 바래기 쉽다.

그러니 아들아, 군 생활을 하는 동안 틈나는 대로 독서를 많이 하거라. 끊임없이 읽고 되새김질하여 지식과 지혜를 쌓고 너 자신의 인품을 단련하기 바란다.

무지하면 자신을 못 지킬 수도 있다

옛날에는 밤중에 다닌다는 도깨비불을 무서워했다. 도깨비불의 가장 일반적인 원인은 자연 현상인 '빛 반사'나 '불꽃의 반사'와 같은 현상, 또는 산화철로 인한 불빛이나 특정 화학반응이라고 한다. 옛날에는 이런 현상을 이해할 수 없었으니 오랜 세월 동안 밤중의 도깨비불을 무서워하며 살아왔다.

그러나 이제 도깨비불은 호랑이 담배 피우던 시절의 얘기가 되었고, 제3의 물결인 산업화 사회를 넘어 제4의 물결인 정보화 사회로 변화하고 디지털 기술과 정보통신의 발전 그리고 플랫폼 기술이 사회구조와 인간의 삶에 큰 변화를 가져오면서 무지가 죄가 될 수도 있는 무서운 세상이 되었다.

과거 흔히들 "모르는 게 죄냐?"고 했다. 그런데 현실에서는 모르는 게 죄가 되는 경우가 자주 발생하고 있다. 특히 요즘처럼 보이스 피싱이 만연하고 각종 디지털 범죄가 일상화된 현실에서는 무지로 인해 한순간에 가족 전체가 불행해질 수 있고, 무지가 죄가 될 수 있다.

무지하면서 알고 있는 척하며 다른 사람을 유도하거나, 무지해서 남들에게 피해를 주면 죄가 될 수 있는 것이다. 그런 만큼 무지에서 벗어나려고 부단히 노력해야 한다. 무지하면 가족 전체의 행복을 한순간에 무너뜨릴 수도 있다.

디지털 세상을 넘어 AI가 세상을 급격히 바꾸고 있다. 그 외에도 빅데이터, 5G 통신, 사물인터넷, 블록체인, 양자컴퓨팅, 증강현실 등 알아야 할 것들이 너무 많아졌다. 군에 있는 동안에도 틈나는 대로 최소한 세상 돌아가는 흐름에 관심을 갖고 공부를 해가야 할 것 같다.

너의 재능을 살리는 것이 중요하다

언젠가 고 정주영 회장이 성공하는 비결을 묻는 질문에 "내가 잘할 수 있는 일을 열심히 하면 성공할 수 있다"고 했다. 문제는 자신이 무엇을 잘할 수 있는지, 즉 어떤 재능이 있는지 알지 못한다는 데 있다.

재능이란 무엇일까? 어떻게 하면 내 재능을 빨리 알 수 있을까? 재능이란 일을 하는 데 남들보다 쉽고 빠르고 재밌게 할 수 있는 소질이라 할 수 있다. 사람들은 재능이라 하면 예술적이거나 특수한 직업만을 떠올리고 엄청난 재능만을 가치 있다고 여기는 것 같다.

그러나 재능이란 특수한 몇 가지에 국한된 것이 아니고 다양한 분야에서 가능하다. 서류를 잘 정리하는 것도 재능이고, 낯선 사람과 쉽게 사귀는 것도 재능이고, 눈썰미가 좋은 것도 재능이다. 심지어 남의 얘기를 잘 들어주는 것도 재능이다.

　누구든지 성공하기 위해서는 자신의 재능과 장점을 발견하여 그 재능에 적합한 직업 혹은 자리를 찾아야 한다. 그 재능을 찾기 위한 노력으로 두 가지를 권하고 싶다. 첫째는 자신이 좋아하고 남들보다 쉽게 잘할 수 있는 점을 자세히 적어보는 것도 좋은 방법이 될 수 있고, 둘째는 인터넷에서 유행하는 다중지능검사로 자신의 재능을 분석해보는 것도 좋은 방법일 듯하다.

　자본주의의 최대 비극은 돈으로 환산되지 않는 재능은 무가치로 여긴다는 데 있다고 한다. 그러나 그 재능이 실제 돈벌이에는 위력이 적어도 자신이 그 재능과 관련된 일을 하면서 남들보다 돋보일 수 있다면 즐거운 일이고, 그 재능을 살려서 더 행복해지고 성공하는 첩경이 될 수도 있다.

　진정 내가 잘할 수 있는 일이 무엇인지, 꼭 해보고 싶은 일이 무엇인지에 대해 군대에서 되돌아보고 탐색해보고 성찰해보는 시간을 가져보기 바란다.

지금부터라도 창의성을 키우고 도전하며 살아라

사람의 일생에서 어릴 때가 가장 창의적이라고 한다. 그러다 커가면서 주입식 교육을 받고 사회규격에 맞추어 살면서 이거 자르고 저거 자르고 하는 식으로 다듬어지는데, 그 과정에서 창의성이 떨어진다고 한다.

정답을 정해 놓고 그것을 강요하는 교육이 반복되면서 창의성이 쇠퇴하고 다양성이 아닌 단일성을 강조하는 악순환이 되풀이된다는 설명이다.

혹자는 학교 폭력과 왕따가 일어나는 근본적인 원인이, 오직 하나의 정답을 정해서 암기하게 하고, 다른 대답은 이상하고 틀렸다며 배척하는 사회 분위기에 있다고 지적한다. 정답만 있는 사회는 다답(多答: 여러 답이 있는) 사회로 변화해야 한다. 사회의 성장과 발전은 다양한 답과 창조적인 대안이 있어야 가능하다.

인도에서는 수학조차 객관식이 아닌 주관식으로 묻는다고 한다. 그 결과 미국 실리콘밸리 연구원이 된 인도인이 많다고 한다. 자신만의 답을 자유롭게 생각해 표현하고 이를 존중하는 사회 분위기가 필요한 이유다.

아들아! 나 역시 그동안 공부를 이유로 너의 창의성을 말살하는 교육에 동참한 것 같아 미안하구나. 지금부터라도 상상하고 도전하며 살아가길 바란다. 그러기 위해서는 다양한 분야에 대한 끊임없는 독서, 그리고 틈나는 대로 넓은 지역으로의 다양한 여행을 권한다.

이런 얘기는 군대라는 틀에 갇힌 상황에서 더욱 답답하게 느껴질 수 있겠지. 그래도 너의 창의성을 키우고 거기에 도전하는 방안을 군대에서도 늘 고민해보기 바란다.

살아보니 세 번의 중요한 시기가 있더라

    살면서 매 순간순간이 다 중요하겠지만 그래도 지나고 보니 세 번 정도의 주요 변곡점이 있는 것 같다. 그리고 그 세 번의 선택은 파급 효과가 매우 크고 오래간다. 첫 번째가 대학 입학, 두 번째가 직업의 선택, 세 번째는 결혼이 아닐까 싶다.

    이 세 가지에서 각각 성공하지 못했을 때는 불공평하다고 할 정도로 심한 불이익이 생기는 것 같다. 각각에서 성공하지 못한 사람은 성공한 사람이 확보하는 삶의 이득을 따라가기 위해선 엄청난 수고를 해야 한다. 각 시점에서의 성공을 얻기 위해 투자해야 하는 수고보다도 몇 배나 더한 피와 땀을 흘려야 하는 경우가 다반사다.

    요즘은 학력으로 인한 불이익이 감소되고 있지만 그래도 대학 학벌이 취업 경쟁에서부터 시작해 다방면에서 큰 영향을 미친다. 좋은 대학을 나온 친구들에게 더 좋은 기회가 가고 더 많은 보상이 주어진다면 그렇지 못한 사람들은 큰 패배감을 맛보게 되고, 그들만큼 인정받기 위해서는 몇 배의 노력을 해야 한다.

좋은 직장이란 단순히 보수만으로 판단할 수는 없을 것이다. 좋은 직장을 가진 친구들은 안정되고 쾌적하며 남들에게 인정받으면서도 보수까지도 많다. 반대로 그렇지 못한 경우는 온갖 잡일에 고생하면서도 인정도 못 받고 보수도 작아 아주 불만스러운 현실에 놓이게 된다.

좋은 결혼을 하지 못할 경우 역시 여러 가지 면에서 감내하기 힘든 고통을 겪게 된다. 당장 이혼을 하고 싶어도 그 대가가 워낙 커서 쉽지 않고, 2세라도 있다면 더욱 이혼의 대가는 참혹하다. 이러지도 저러지도 못하고 평생 고통을 겪는 경우를 자주 본다.

위 세 번의 중요한 선택에서 모두 성공하려면 인내하면서 학업에 정진하고, 나 자신의 몸값을 높이기 위해 부단히 노력해야 한다. 특히 성공적인 결혼을 위해서는 여자의 외모보다는 내면을 꿰뚫어 볼 줄 아는 안목을 키워야 할 것이다. 살면서 이 세 가지 중 특히 두 번째와 세 번째 선택에서 성공하지 못하면 그 결과는 평생 동안 참으로 가혹하더라.

학창 시절을 잘 보내는 것이 무척 중요하다

누구나 하루 24시간을 살아가지만 시간의 효용 가치는 늙어갈수록 줄어든다. 한참 일하는 40대는 하루 동안 수많은 중요한 일들을 해내지만, 80살이 넘은 노인들은 파고다 공원에서 별 의미 없이 장기판을 보거나 지나가는 사람들을 쳐다보면서 하루를 보내기도 한다.

태어나서 걷고 말하며 세상의 기본적인 것들을 배우는 어린 시절도 중요하지만, 스스로 통제할 수 있는 학생 시기가 더 중요하고, 나아가 순간 순간 막대한 돈을 벌기도 하고 잃기도 하는 중년 시기가 더 중요하다.

하지만 시간의 영향력으로 치자면 학창 시절의 시간들은 한 사람의 지식과 지혜와 인품을 결정하기에 그 어느 시기보다 더 중요하다고 본다. 배우고 익히는 20년도 안 되는 이 시기를 어떻게 보내느냐에 따라 100세

시대 한 사람의 인생이 결정되기 때문이다.

학창 시절을 어떻게 보내느냐에 따라 한평생 '어느 학교 출신'이라는 자부심은 물론 남보다 편하고 쉽게 살아갈 수도 있고, 반면 항상 뒤처지는 기분으로 남들보다 훨씬 고단한 수고를 하면서도 그에 합당한 대우를 못 받고 살아갈 수도 있다.

그러니 학창 시절의 시간을 절대 헛되이 보내지 말아라. 어차피 피할 수 없는 학창 시절이라면 받아들이고 공부를 열심히 하되, 설령 공부가 뜻대로 되지 않더라도 너의 재능을 찾아 최선을 다해 집중하길 바란다.

언젠가 너한테 보냈던 편지 내용이 생각난다. 산에 오를 때 등산로 입구에서 집중하지 않아 등산로를 놓치면 남들은 등산로를 따라 비교적 편안하게 산 정상에 오를 때, 너는 엉뚱한 길로 들어서 우거진 숲과 계곡을 헤매며 온몸에 상처를 입고 죽을 고생을 하게 된다는 내용이었지. 학창 시절은 산 입구에서 남들보다 편하게 빨리 갈 수 있는 올바른 등산로를 찾는 시기라 할 수 있단다.

군대 생활과 자존심

'자존심 싸움'이라는 말이 있다. 그런데 그때의 그 자존심이란 것이 따지고 보면 열등감인 경우가 많다. 스스로에 대한 존경심이 있는 사람이라면 상대의 사소한 실수를 관대하게 웃어넘길 수 있다. 어린아이의 실수나 무례함에 어른들이 화를 내기보다는 웃어넘기듯, 본인이 상대방보다 잘났다고 생각하는 자존감이 있다면 상대방에 관대해질 수 있는 것이다.

옛 선조들은 자신을 낮춤으로써 스스로 품위를 높였다. 겸손을 자신을 높이는 최고의 미덕으로 삼은 것이다. 내가 상대보다 더 잘났고 더 가졌다고 생각되어도 스스로를 낮추고 상대를 존중해 주었는데, 그 겸손의 배경에는 자신에 대한 존경심 즉 자존심이 자리하고 있었기 때문일 것이다.

겸손에는 세 가지가 있다고 한다. 첫째는 나를 낮추는 겸손, 둘째는 상대를 높이는 겸손, 셋째는 자기를 이기는 겸손이다. 진정 잘난 사람과 못난 사람의 가장 결정적인 차이는 아마 겸손일 것이다. 특히 자기 자신을 이김으로써 우쭐하지 않는 성숙함은 자존심의 전형이라 할 수 있다.

겸손한 사람일수록 자신감과 책임감을 강하게 가지고 살다 보니 남에게 좀 더 관대해질 수 있다. 사소한 일에 자신의 입장과 주장을 우선시하기보다는 상대를 배려하고 양보할 수 있다는 것이다.

요즘처럼 외동 딸·아들이 대부분이고 MZ세대의 특성상 자기중심적인 성향이 강한 너희 세대에게도 겸손의 실천이 중요하다고 생각한다. 군대라는 척박한 환경에서 겸손의 실천이 쉽지는 않겠으나, 겸손을 실천하면 네 마음도 덜 다치고 주변 사람들과도 마음의 여유를 가지고 지낼 수 있게 될 것 같다. 그리고 그 겸손은 진정으로 자존심이 있는 사람만이 실천할 수 있을 것이다.

너만의 행복 기준을 만들어라

흔히들 얘기하는 나라별 중산층 기준을 살펴보면,

영국은 1. 페어플레이할 것 2. 자신의 주장과 신념을 가질 것 3. 나만의 독선을 지니지 말 것 4. 약자를 두둔하고 강자에 대응할 것 5. 불의, 불평, 불법에 의연히 대응할 것을 든다.

프랑스는 1. 외국어를 하나 정도 구사하여 폭넓은 세계 경험을 한다 2. 한 가지 이상의 스포츠를 즐기거나 하나 이상의 악기를 다룰 줄 안다 3. 남들과 다른 맛을 낼 수 있는 별미 하나 정도는 만들어 손님을 대접할 수 있다 4. 사회 봉사단체에 참여하여 활동한다 5. 남의 아이를 내 아이처럼 꾸짖을 수 있다 등을 들었다고 한다.

우리나라는 1. 부채 없는 아파트 평수 30평 2. 월급 500만 원 이상 3.

자동차는 2000cc 이상 중형차 4. 예금액 잔고 1억 원 이상 5. 해외여행을 1년에 두 번 이상을 기준으로 한다고 한다.

다른 나라와 비교했을 때 우리나라 기준에 빠짐없이 등장하는 건 숫자다. 문득 시각장애인이었던 헬렌 켈러 여사의 말이 생각난다. "인생에서 소중한 것들은 눈으로 볼 수 없고 손으로 만져볼 수 없다. 오직 마음으로 느껴질 뿐이다."

IQ(지능지수)가 그 사람의 지혜를 대변할 수 없고, 만남의 횟수가 두 사람 사이의 깊이를 증명할 수 없다. 집의 평수가 그 가족의 화목을 보장할 수 없고, 연봉이 그 사람의 능력과 인품을 대별할 수 없다. 그런데도 한국인은 숫자에 집착하는 경향이 강하다.

아들아! 너의 행복의 기준은 숫자로 표시되는 외적인 척도가 아니라, 너의 가슴속에서 끓어오르는 뭉클함과 뿌듯함으로 표현되는 그 무엇이면 좋겠다.

인생의 행복은 성적순이 아닌 것 같다

언젠가 '엄친아'라는 단어가 유행했었다. 그런데 어릴 때부터 일탈하지 않고 공부만 한 모범생은 다른 분야에 문외한이고 융통성이 부족한 사람이 될 수도 있다. 주변에 보면 모범생이 아니었던 사람이 사업도 더 잘하고 주변 사람들과의 관계가 더 좋고 성공적인 삶을 사는 경우도 가끔 본다.

사람의 머리는 공부 머리와 일 머리가 있다고 한다. 공부 머리가 좋은 사람은 학교 성적이 우수해 좋은 대학에 들어가지만, 일 머리만 좋은 사람은 비록 학창 시절에 공부는 좀 못했어도 사회생활을 잘하고 돈을 잘 벌기도 한다.

일찍이 일탈을 경험해 본 사람들은 일탈을 통해 세상을 배우고 자신의 한계와 융통성을 배우기도 한다. 하지만 모범생은 눈앞에 보이는 것에 충실하며 안정된 작은 성취에 만족하고 안주하며 살아가다 보니 시야가 좁아질 수 있다.

결국 학창 시절 공부를 잘했던 모범생이 모든 것을 다 잘할 것이라는 생각은, 학교 성적으로 한 사람의 등급을 매기고 너무 많은 가치를 부여한 데서 기인한 뿌리 깊은 편견일 수도 있다. 그러나 학교 성적이 좋고 좋은 대학을 나오면 여러 가지 면에서 유리한 건 사실이다.

그러니 아들아, 우선 학교 공부에 최선을 다해라. 그러나 학교 성적이나 너의 대학 레벨이 다소 떨어져도 절대 기죽거나 자신감을 잃지는 마라. 너는 아직 너나 나도 모르고 아무도 모르는 많은 잠재력을 가지고 있다. 무한대로 상상하고 끊임없이 도전해라. 그리고 최선을 다해라. 설령 학교 성적이 좋지 못해도 너는 얼마든지 행복하고 성공할 수 있다.

기다림을 즐길 줄 아는 지혜

　쿠팡으로 대변되는 퀵 서비스가 일상화되었고 뭐든지 궁금한 건 스마트폰으로 바로바로 확인되고 전 세계 어디에 있든 소셜미디어로 바로 소통하는, 그야말로 초스피드로 흘러가는 세상을 우리는 살고 있다.
　그러나 그렇게 빠른 것만이 우리의 욕구를 충족하고 행복을 보장해 주지는 않는다. 역설적이게도 더디게 가는 시간 덕에 오히려 그 가치가 배가 되고 우리에게 더욱 큰 기쁨으로 다가오는 마법 같은 것이 있으니, 그것은 바로 기다림이다.
　국가 사이든 개인 사이든, 다년간의 교류가 없이는 깊이 있는 신뢰 관계나 깊은 사랑의 감정을 갖기 어렵다. 심혈을 기울여 만들어야 하는 예술품에는 오랜 숙련과 정진 그리고 숙성의 시간이 필요하다.

기다림은 시간을 더디게 가게 하지만 기다리는 그 시간을 기쁨으로 채워줄 수도 있다. 소풍 가기 전날의 설렘이나 사랑하는 연인을 만나기로 한 전날의 기다림에는 그 몇 시간을 행복한 시간으로 만들어주는 마법이 있다. 그러니 아들아, 기다림을 많이 만들면서 살아가기 바란다.

기다려지는 만남을 만들고, 기다려지는 기쁜 소식들을 만들고, 기다려지는 물건들을 만들고, 기다려지는 사람들을 많이 만들면서 살아가거라. 그러면 짧은 네 인생을 마법처럼 훨씬 길게 살 수 있을 것이다.

사소한 돌부리에 넘어진다 (특히 보고와 관련해서)

가끔 군대 안의 사고가 뉴스로 전해질 때가 있다. 총기 사고로 여러 명이 사상되면 사회적으로 큰 파장을 불러온다. 하지만 그 사건의 발단은 사소한 한두 가지의 오해와 실수에서 비롯되는 경우가 대부분이더라.

생활관의 선·후임 간 사소한 말실수나 오해 등이 조금씩 쌓이면서 일이 커진 경우가 대부분이다. 그러니 조기에 그 오해나 갈등을 해결해서 일이 더 커지는 것을 방지해야 한다.

우리가 살아가는 세상도 대단한 것에 걸려서 넘어지기보다는 사소한 작은 돌부리 같은 일에 걸려서 넘어질 때가 훨씬 많다. 사소한 말 실수, 사소한 판단 착오, 심지어 한순간 생각의 차이 때문에 엄청난 실패로 이어지는 경우가 많더라.

특히 군대는 선·후임 간의 계급사회인 데다가 폐쇄적이고 억눌린 분위기 탓에 하고 싶은 얘기를 자유롭게 하기 쉽지 않고, 문제가 있을 때 누군가의 도움을 받기도 쉽지 않아 사소한 오해나 갈등을 쉽게 해소하지 못할 수 있다.

그래서 군에 간 너에게 꼭 권하고 싶다. 군에서 오해나 갈등이 생기면 비록 사소한 것일지라 가능한 한 빨리 풀려고 노력해라. 만약 혼자 힘으로 힘들면 간부들이나 주변에 도움을 청해서라도 늦지 않게 해결하도록 해라.

그리고 보고와 관련해서 꼭 해주고 싶은 얘기가 있다. 나도 과거 보고를 잘못해서 난감했던 경험들이 많다. 애매한 일이 생기면 절대 너 혼자 판단하지 말고 선임이나 상관들에게 물어봐라. 그래야 문제가 생겨도 책임에서 벗어난다. 상관에게 묻는 순간부터 책임은 상관에게 넘어간다. 상관이란 애매한 문제를 판단하고 책임지라고 있는 거다. 특히 군에서는 사소한 보고를 제때 안 해서 나중에 큰 책임을 떠안게 되는 일들이 자주 발생한다. 꼭 명심해라.

스토킹은 범죄니 절대 안 된다

 예전에는 '10번 찍어 안 넘어가는 나무 없다'는 등의 말을 하며 여자를 좋다고 쫓아다니는 행동을 순애보 취급하며 미화해주기도 했다. 하지만 요즘은 스토킹 범죄로 취급한다. 데이트 폭력이 사회적 이슈가 되면서 처벌 또한 대폭 강화되었다.

 한 연구에 따르면 스토킹의 본질은 집착이라고 한다. 집착하는 이유가 상대를 사랑하기 때문이라고 생각하는 사람이 많지만, 근본적인 이유는 거절당하기를 죽기보다 싫어하는 거절 공포증 때문이라고 한다. "내 사전에 거절당하기란 없다"고 여기는 사람이 스토커가 된다는 것이다. 다른 사람의 거절을 견디지 못하고, 거절을 자신에 대한 공격으로 여긴다는 것이다. 그러다 보니 거절하는 상대에 대해 격분하고 자신을 거절하지 않을 때까지 집요하게 따라다니며 괴롭히게 된다고 한다.

그런데 거절이라는 것도 따지고 보면 '일부 행동에 대한' 거절과 '존재 자체에 대한' 거절이 다른데, 스토커는 이 둘을 구분하지 못한다고 한다. 나의 전체를 거절하는 것이 아니라 사귀자고 집착하는 행동만을 거절하는 것인데, 존재 자체가 거절당한 것으로 오해하고 필요 이상으로 거부 반응을 보인다는 것이다.

아들아, 혹시 너에게 이런 일이 일어나거든 집착하지도 말고 거절 공포증 같은 것도 가지지 말고 쿨하게 받아들이기 바란다. 요즘은 스토킹 범죄 인정 범위가 워낙 넓어져서 조금만 위협적인 행동을 해도 스토킹 범죄로 강하게 처벌받는다.

상대가 거절하면 관대하게 인정하고 너의 길을 가길 바란다. 그때 필요한 것이 "나는 진짜 괜찮은 사람"이라는 믿음에 기반한 굳건한 자존심이 아닐까 싶다.

결혼에는 그 무엇보다 신중하고 또 신중해라

"결혼은 새장과 같다. 밖에 있는 새는 들어가려고 애쓰고, 안에 있는 새는 나가려고 발버둥 친다." 철학자 몽테뉴의 말이다. 결혼은 국가가 제도적으로 배타적 사랑을 영구적으로 보장해주는 유익한 제도지만 양측 가족이 즉각 개입되기 때문에 불편한 점이 한둘이 아니다.

"순간의 선택이 10년을 좌우한다"는 광고문구가 크게 유행한 적이 있었다. 가전제품을 잘못 선택하면 그 제품을 사용하는 10년 내내 후회한다는 의미를 암시하는 것인데, 만약 결혼을 잘못하면 평생을 후회하게 된다.

그러면 어떤 사람과 결혼해야 할까? 결혼해서 가정을 이루고 살다 보면 많은 갈등이 생기기 마련이다. 원만하고 행복한 결혼생활을 위해 필요한 덕목이 많겠지만 최우선적으로 두 가지를 강조하고 싶다.

첫째는 갈등이 생겼을 때 갈등을 말로 풀 수 있는 사람이어야 한다는 것이다. 서로 오해나 갈등이 생겼을 때 대화로 자기 생각과 입장을 있는 그대로 오픈하며 서로의 생각을 투명하게 주고받을 수 있는 교감 능력이 가장 먼저 필요한 덕목이라고 생각한다.

두 번째는 배우자와 가족의 안위를 위해 본인의 욕심을 포기할 줄 아는 희생정신이 중요하다고 생각한다. 그것이 없으면 본인의 욕심과 가족 전체의 입장 간 이해가 충돌할 때 접점을 찾고 갈등을 해결하기가 쉽지 않을 것이기 때문이다.

그런데 문제는 상대방이 이와 같은 덕목을 갖추었는지 알아내기가 쉽지 않다는 점이다. 그러기 위해서는 평소에 사람에 대한 이해도를 넓히고, 특히 내면을 통찰할 수 있는 안목을 길러야 한다.

결혼을 결정하기 전에 아무리 예쁘고 사랑스러워도 위와 같은 관점에서 냉정하게 자신의 마음의 소리를 들어보고 만약 아니다 싶으면 과감히 그만둬야 할 만큼 결혼에는 신중하고 또 신중해야 한다.

100 − 1 = 0

이 문구가 서울의 한 식당 계산대 뒷벽에 걸려 있다고 한다. 그 의미는 손님에게 100번 잘하다가도 한 번 큰 실수를 하면 그 손님은 다시 안 올 것이니 항상 손님에게 최선을 다하겠다는 다짐의 의미란다.

나는 이 문구를 과거 대통령 경호 전담부서인 22경찰경호대에서 근무하면서 직원들에게 자주 소개했다. 대통령 경호도 100번 잘하다가 한순간 실수하면 큰일이 생길 수 있다고 생각했기 때문이다.

그러다 교통부서에 근무할 때도 교통사고와 관련해서 교통사고 예방교육을 할 때 이 문구를 자주 인용했다. 100번 안전 운전하다가도 한순간 실수하거나 방심하면 큰 사고로 모든 걸 잃을 수도 있다는 의미에서다.

그런데 가만히 생각해보면 우리네 인생도 그런 것 같다. 하루하루 최선을 다해서 살아가지만 사람 관계든, 돈 문제든, 가족 문제든, 어느 한순간 방심하고 실수하면 모든 것을 잃을 수도 있기 때문이다.

군 생활도 마찬가지다. 특히 총기를 다루다 보니 더욱 조심해야 한다. 선·후임들과의 생활에서 늘 잘하다가도 어느 순간 방심하여 관계가 틀어지거나 힘들어지면 바로 고치고 제자리를 잡아야지 방치했다가는 큰일로 이어질 수 있다.

군 생활에서 사소한 실수가 곧바로 큰 낭패로 이어진다는 의미는 아니다. 살다 보면 누구나 사소한 실수는 할 수 있다. 그러나 큰 실수로 이어지게 하지는 말자는 얘기다. 사소한 실수를 했다면 바로 잘못을 인정하고 바로잡으면 큰 문제가 안 된다. 그러나 그것을 내버려 두거나 계속 반복하면 큰 실수로 연결되고, 공든 탑이 한순간에 무너질 수 있다는 점을 명심해라.

어른들을 찾아뵐 때는 빈손으로 다니지 마라

이 얘기는 아빠도 네 할머니한테 듣고 배운 거다. 우리 집도 그렇고 남의 집에 갈 때도 할머니 등 어르신들이 계신 집에 갈 때는 반드시 가벼운 거라도 마음의 선물을 사 가도록 해라.

과거 아빠가 외갓집에 갈 때는 외할머니가 홍시를 좋아하신다고 해서 홍시를 자주 사 갔던 기억이 있다. 그리고 어디를 가든 어르신이 계신 곳에 갈 때는 반드시 뭔가 선물을 사갖고 갔다. 내가 돈을 벌지 않던 대학생 시절에도 마찬가지였다. 선물이 비쌀 필요는 없고 내 여건에 맞게 사탕이나 음료수 1병도 상관없다. 우리 정서에 맞는 마음의 정이라고 생각해라.

그런데 친구들 중에는 그런 걸 아예 할 줄 모르는 친구들이 있더라. 직장을 다니면서 돈을 버는데도 남의 집에 갈 때 빈손으로 다니는 친구들이 있다. 빈손으로 다닌다고 욕할 건 아니지만 분명히 품위가 떨어지는 행동이라고 생각한다.

그런 행동들은 경제적 여유가 있고 없고의 문제가 아니라 습관의 문제다. 또한 부모님이나 주변 어른들에게서 배우고 못 배운 차이라고 본다. 남의 집이나 사무실에 갈 때도 가벼운 마음의 성의가 필요한데, 특히 어른이 계신 곳을 방문할 때는 그분에 맞는 마음 씀씀이가 필요하다고 본다. MZ세대에게도 마찬가지로 이런 행동들은 예의이고 품위이자 사람 사는 정이라고 본다.

당장 군에 있으면서도 이런 것들을 실천해봐라. 비싼 것일 필요는 없다. 외출을 했거나 면회를 다녀올 때는 동료들이나 선·후임들을 위해 가벼운 먹거리라도 챙겨 다니는 습관이 필요하다고 본다. 이런 행동들은 결국 너의 이미지 관리이면서 품위와도 연결된다고 생각한다.

낭중지추 (囊中之錐)

이 말은 '주머니 속의 송곳'이라는 뜻이다. 재능이 뛰어난 사람은 숨어 있어도 언젠가는 저절로 사람들에게 알려진다는 뜻이다.

요즘은 자기 PR의 시대라고 한다. 자신의 재능을 남들이 알아주지 않을까 봐 걱정하는 사람들이 많은데, 사실 재능이 뛰어나고 실력이 있으면 언젠가 누구한테든 알려지고 인정받게 된다. 그게 세상의 이치다. 그렇다고 어느 정도의 자기 PR 노력을 일체 부정하는 건 아니다.

자신이 잘할 수 있는 점을 굳이 알리려고 안달하거나 무리하지 않고 묵묵히 노력하다 보면 언젠가는 무얼 잘하는지, 잘했는지 알려지게 된다는 것이다. 그렇게 '저절로' 알려지는 게 더 가치가 있다고 본다.

잘하는 점도 자연스럽게 기회가 왔을 때 잘해야 빛이 나지, 시키지도 않았고 타이밍도 맞지 않는데 본인이 잘한다고 먼저 나서면 그 빛이 반감될 수 있다.

나도 직장생활을 하면서 항상 그런 생각을 하며 살려고 노력했다. 그래서 뭔가 잘할 수 있는 일이 있을 때는 자연스럽게 내가 나설 기회를 본다. 만약 기회가 주어지지 않으면 다음 기회에 하면 되는 것이다.

예를 들어 직장에서 단체 회식을 하다 보면 건배사를 하게 되는 경우가 있다. 이 경우에도 자연스럽게 차례가 되었거나 남이 시켰을 때 멋진 건배사를 하면 빛이 난다. 그런데 자신이 먼저 멋진 건배사를 하겠다는 식으로 나서면 같은 내용이라도 빛이 바래기 쉽다.

그러니 항상 실력을 가다듬으며 때를 기다려라. 준비된 실력은 굳이 보여주려고 하지 않아도 자연스럽게 보여진다. 살다 보면 그런 날이 반드시 온다. 마치 주머니 속에 감춰진 송곳은 가지고 다니다 보면 일부러 보여주지 않아도 예리한 끝단이 주머니에서 살짝 삐져나와 그 예리한 송곳의 존재를 알리게 되고, 그래서 더욱 무섭게 느껴지듯이.

2부

군 생활에 참고하면 좋을,
아빠의 시련과 좌절 경험들

가혹한 운명의 굴레 - 분수를 지키지 못한 죄인가?

한 사람이 한평생을 살면서 겪게 되는 희로애락 속에 누군들 좌절이 없고 절망이 없었겠는가마는, 나는 유독 납득할 수 없는 힘든 일을 많이 겪으며 살아온 것 같다.

나보다 훨씬 재능이 뛰어나고 유능한 사람 중에서도 경제적인 뒷받침이 안 되어 원하는 만큼 학업을 이어가지 못한 사람도 많을 것이고, 개인사업을 하는 등 다양한 개인적인 성취에 있어서 본인 노력에 비해 원하는 만큼 결과를 얻지 못해 힘들어하는 사람들도 많을 것이다.

그런 사람들에 비하면 그래도 어려운 여건에서 대학을 졸업했고, 안정적인 공무원 생활을 해왔으며, 처자식과 화목한 가정을 이루고 있으니 복 받은 사람 축에 속할 것이다. 그러나 일평생 심한 공허함과 허탈감에 살아온 것을 부정할 수 없다.

얼마 전 '미스터 썬샤인'이라는 드라마에서 지체 높은 양반이 "종놈은 땅을 보며 살아야지 하늘을 보며 살면 안 된다"라고 했던 대사가 가슴에 와닿았다. 그 말의 의미는 하찮은 노비 신분은 그저 시키는 일만 열심히 하며 천한 신분으로 살아가야지, 야심을 갖거나 양반들이나 하는 글공부나 출세에 욕심을 부리면 목숨을 부지하기 어렵다는 얘기인 듯하다.

어찌 보면 나 역시 정식 중학교도 다니지 못할 가정환경에서 자랐으니 주변의 권유대로 공부는 잘했으니까 정수직업훈련원을 졸업하고 유능한 선반공으로 살았으면 화목한 가정을 이루고 편안한 한 평생을 살았을지도 모른다. 그랬더라면 그렇게 죽고 싶을 만큼 컸던 좌절감을 겪지도 않았을 것이다.

　그러나 나보다 더 어려운 여건에서도 열심히 노력한 결과 고난을 극복하고 성공한 사람들이 많이 있다. 나 역시 그 근처까지 갔었다. 행정고시도 합격할 만큼은 공부했던 것 같고 경찰에서도 고위직에 올라갈 수 있을 만큼은 노력했던 것 같다. 그러나 번번이 아슬아슬하게 벗어나는 운명 속에서 나는 너무 힘들고 고단한 삶을 살아왔다.

　그렇게 힘들었던 이유는 서로 뻔히 실력을 알고 함께 공부했던 사람들이 고시에 합격해 내 곁을 떠나가고, 나와 비슷한 경력의 동기와 후배들이 경찰서장이 되고 청장이 되어 승진해 가는 것을 가까이서 지켜보면서 늘 좌절해왔기 때문이다.

편지라도 쓰지 않으면 가슴이 터질 것만 같았다

　사람을 입장시키던 출입문이 항상 내가 입장할 차례가 되었을 때 내 앞에서 닫히는 듯한 느낌을 너무 많이 받으며 살아왔다. 그렇게 반복되는 시련 속에서 많이 좌절하고 힘들었다. 그럴 때 술을 많이 마시고 위로를 받거나 스스로 마음을 달래고 나면 다음 날 술에서 깨어날 때 더 상실감이 크고 힘들었던 기억이 많다. 그래서 언젠가부터는 힘든 일이 생길 때 절대 술에 의지하지 않으려고 했다. 그럴 때면 편지를 썼다. 정말 쓰다 쓰다 지칠 때까지 욕도 쓰고 원망도 쓰고 나 자신이 불쌍하여 스스로 위로하는 내용의 편지들을 쓰곤 했다.

　그 글들을 모아 놓고 가끔 되새김질을 하기도 하고 그중 일부 내용을 가족이나 아들에게 편지를 쓸 때 옮겨 적기도 했다. 이 책을 쓰려고 그동안 써온 편지들을 찾아보니 참으로 많았다. 그렇게 힘들고 좌절할 때면 화풀이 삼아, 위안 삼아 많은 글들을 썼던 것이다. 그 글들을 가족들에게 보내왔는데 그중 아들에게 보내온 편지들의 요지를 정리해 이 책에 실었다.

무엇이 그리도 힘들었는가? - 상대적 박탈감

    사람은 자신이 듣고픈 것만 듣고, 보고픈 것만 보는 습성이 있다. 그리고 뭐든지 자신을 기준으로 판단한다. 그래서 내가 지금 "그동안 살면서 참 힘들었다"고 말하는 것도 사실은 조심스럽다. 나보다 재능이 뛰어나고 더 많이 노력했음에도 나보다 더 좌절하고 힘든 삶을 살아가는 사람들이 분명히 많이 있을 것이기 때문이다.

    그러나 내가 걸어온 길을 되돌아보면 나름 열심히 죽을힘을 다해 살아왔지만 워낙 안 풀리는 일들이 많았다. 이 책에 다 소개는 못 하지만 나를 힘들게 했던 것들은 무수히 많다. 그중 한 가지가 고시 공부 탓에 결혼도 늦었고 직장도 늦었고 그래서 공무원 연금의 액수도 내 또래들보다 적거니와 그사이 연금법이 개정되어 연금도 퇴직 후 1년 7개월이나 기다린 뒤 받아야 한다.

    나와 같은 해에 고등학교를 졸업하고 바로 의경으로 입대해 제대하면서 순경으로 들어온 경우 나보다 직장 경력이 10년 앞선다. 그중 일부는 계급도 나보다 높거나 같고, 퇴직 직후부터 더 많은 연금을 받는다. 그런 걸 하나하나 짚어보면 그동안 내가 걸어온 길에 자괴감이 든다. 이럴 거면 뭐하러 그리 힘들게 공부하고 험한 길을 걸어왔던가. 참으로 부질없고 스스로 한심한 생각뿐이다. 아마도 상대적 박탈감일 것이다.

그래서 여기부터는 그동안 어려운 환경에서 태어난 내가 겪어온 청소년기부터 징그럽고 되돌아보고 싶지 않은 고시 공부 시절 이야기, 그리고 경찰관 생활을 하면서 승진과 관련해 도저히 납득이 안 되지만 받아들일 수밖에 없었던 가슴 아픈 좌절과 시련의 경험들을 정리해보았다.

하지만 감사한 일들도 많았다. 살아오면서 감사할 일들과 운 좋았던 일들도 팩트 위주로 정리해봤다. 20대부터 좌충우돌 살아오면서 몇 번이나 운 좋게 죽을 고비를 넘겼던 사건들, 극적으로 아파트 청약에 당첨된 얘기, 그리고 감사하게도 집사람을 만난 얘기 등이다.

청소년 시절

고등공민학교 - 교복은 입지만 정식 학교가 아닌 중학교

나는 전남 담양의 빈한한 시골 마을에서 5남 1녀 중 넷째로 태어났다. 할머니 대에만 해도 부잣집이었고 지금도 남아있는 그 동네 제일 큰 기와집이 할머니가 시집오셨고 아버지가 태어난 집인데, 독자이셨던 할아버지가 요절하시면서 곡절이 생겨 살림이 어려워졌다고 한다.

어렵게 살던 부모님은 논밭이 없어 문중 논을 소작하고 바구니를 만들어 팔며 6남매를 데리고 근근이 끼니를 이어오다가 생활이 힘들어 1970년대 이촌향도(시골을 떠나 도시로 감) 기류에 편승하여 경기도 성남으로 이사하여 서글픈 도시 빈민 생활을 시작했다.

나는 시골에서 초등학교 때 공부도 잘하고 반장을 했던 우등생이었으나 초등학교 5학년을 마치고 경기도 성남으로 이사한 후 빠듯하게 연명하던 집안 형편에 정식 중학교를 다니기 어려웠다. 내 바로 위 형도 시골에서 중학교 1학년을 마치고 이사 온 후 당시 수도권 빈민가에만 있던 고등공민학교로 전학을 했다. 그러다 보니 나 역시 고등공민학교를 다녀야 했다.

나보다 2살이 많은 이 형은 시골에서 중학교 1년을 다니면서도 사복을 입고 다녔다. 당시 전교생이 교복을 입었는데 교복을 살 형편이

안 된 형은 혼자 1년간을 사복을 입고 다녔다. 왜 교복을 입지 않느냐는 담임선생님의 꾸중에 매주 "다음 장날에 사주신다고 했다"며 버텼는데 학비를 못 내는 것보다 훨씬 더 힘들었을 것이다. 참으로 마음 아프고 서러운 얘기다.

고등공민학교는 일반 중학교에 비해 학비는 반값이었으나 똑같이 중학교 교복을 입고 학교를 다녔다. 가난해서 중학교를 못 보내는 집에게는 외견상 중학교를 보낸다는 체면치레의 방편이었으나, 정식 중학교가 아니라서 검정고시에 합격해야 중학교 졸업이 인정되고 고등학교에 갈 수 있었다.

학생 구성은 남녀 공학이었고 대부분 나처럼 가난해서 입학한 학생들이었으나 일부는 서울이나 성남에서 사고를 치고 퇴학당한 뒤 정식 중학교를 다닐 수 없어서 입학하거나 전학해 왔다. 그러다 보니 나보다 몇 살 많은 애들도 있었고 중간에 사고를 많이 쳐서 입학은 5개 반이 했는데 졸업은 3개 반만 했다. 그만큼 중간에 퇴학을 당하는 학생들이 많은 어수선한 학교 생활이었다.

졸업한 3개 반 약 200명 중에서도 검정고시에 많이 합격하진 못했다. 그러다 보니 정식 고등학교에 간 숫자도 그리 많지 못했고 대학입학도 마찬가지였다. 그러나 어쨌든 어려운 중학교 시절을 마친 뒤 초등학교 교장 선생님을 하는 친구도 있고, 목사님으로 재직 중인 친구들도 있으며 다방면에서 두루두루 잘살고 있다. 나에게는 그때 그 시절이 평생 기억에 남고 그리운 학창 시절로 남아있다.

당시 주변에서 "어느 중학교 다니냐"고 물으면 설명하기가 난감했다. 당시 성남에는 성일중, 풍생중, 성남서중이 있었는데 우리 학교는 성남고등공민학교라는 낯설고 우스꽝스러운 이름이라 아는 이가 많지 않았다. 교회에서 세운 학교라 학교 뱃지에 십자가가 새겨져 있어 우리끼리는 자조적으로 "플러스 성남"이라고 불렀다.

요즘도 중학교 동창회를 나가 보면 어렵던 시절 비인가 학교에 다니던 마음의 상처를 공유한 사이라서 그런지 다들 사는 건 그다지 여유가 없어도 마음만은 그렇게 따뜻할 수가 없다. 5월이면 그때의 선생님들을 모시고 사은회도 지극정성으로 챙긴다. 중학교 때 입었던 교복을 평생 마음속 무지개로 간직하며 살고있는 것 같다.

교육은 백년지대계라고 한다. 즉 교육은 미래의 사회와 나라를 이끌어갈 인재를 기르는 정책이라는 말이다. 그런데 아직도 우리 사회의 수많은 아이들이 가난 때문에 제대로 교육받을 기회를 얻지 못하며 살아가고 있다.

나의 중학교 시절을 되돌아봐도 그런 생각이 든다. 동기들 중에 지능도 뛰어나고 좋은 재능을 타고난 친구들이 많았던 것 같다. 그런데 그 친구들 중 상당수가 제대로 된 교육을 받지 못했다. 가난 탓에 학업을 이어가지 못해 유능한 인재로 성장하기는커녕 힘들고 고달프게 살아간다. 본인이 가난해서 자식들을 원하는 만큼 가르치지 못하다 보면 가난이 대물림된다.

누군가 "가난은 죄가 되지 않는다"고 말했다. 그러나 가난 때문에 일생일대의 중요한 시기에 자식들을 남들만큼 가르치지 못해 나의 가난을 자식에게 대물림한다면 두고두고 한스러운 마음속 죄가 되지 않을까 싶다.

남들은 중학생이 된다고 교복 집에서 멋지게 맞춰 입는 교복을 나는 성호시장 노점상을 통해 남이 입던 후줄근한 교복을 사 입었다. 그때 품이 맞지 않는 교복을 입혀보며 속이 상했는지, "못 먹이고 못 입혀서 미안하다"며 눈물짓던 어머니의 마음은 천 갈래 만 갈래 찢어졌으리라. 막상 내가 자식을 키워보니 그 시절 기억들이 더 가슴 아프게 되살아난다.

아빠의 경험 | 박선영 교수님께 - 탈북 청소년을 돌본다는 신문 기사를 읽고
(이 글은 조선일보 'why' 난의 인터뷰 기사를 보고 일면식도 없던 박선영 전 의원에게 보냈던 메일임)

안녕하세요!
제가 교수님과는 평소 알고 지낸 것도 아닌데 이렇게 글을 보내자니 멋쩍기도 하고 이런 글이 결례되지 않을까 망설여지기도 합니다.
정치인이셨던 박선영 교수님은 언론매체를 통해 익히 잘 알고 있지만, 교수님의 이런저런 활동은 얼마 전 조선일보 'why' 난 인터뷰 기사를 보고 알게 되었습니다. 그날 그 보도 내용을 보고 너무나 감동을 받았다고 할까요, 울컥해졌습니다. 그날 바로 교수님께 편지를 쓰고 싶었는데 연말 분위기와 연초 인사이동 분위기에 편승하여 게으름을 피우다 보니 이제야 글을

적게 되었습니다.

저는 현직 경찰관입니다. 고양시의 고양경찰서 경비교통과장으로 근무하고 있습니다. 특별히 의미 있는 봉사활동이나 사회참여 경험도 없고 그저 평범한 직장생활을 하는 일개 공무원에 불과하지만, 그날 신문에 소개된 의원님의 활동, 생각, 포부 등을 보면서 많이 공감했습니다.

특히 독일의 동독 출신 메르켈 총리처럼 우리나라에서도 탈북자 출신 인재 양성에 기여하고 싶다는 말씀에 마치 제가 탈북한 가난한 여학생의 친오빠인 것처럼 감사하고 또 감사했습니다. 왜 그렇게 가슴이 뭉클하고 눈물이 났는지 저도 잘 모르겠습니다. 근데 아마 제가 탈북자들처럼 기댈 곳 없는 어려운 어린 시절과 청소년기를 보냈기 때문일 거란 생각은 듭니다.

저는 1970년대 이촌향도한 부모님을 따라 경기도 성남의 변두리에서 초-중-고등학교를 다녔습니다. 그것도 중학교는 고등공민학교라는 비인가 학교라 검정고시를 봐야 했고, 고3 때는 공부방이 없어 밤에는 학교 교실에서 잠을 잤습니다. 지금의 탈북자들과 엇비슷한 환경이었던 것 같습니다. 대학도 장학금에 의지해서 어렵게 다녔고 다행히 경찰 간부 공채시험에 운 좋게 합격하여 경찰관이 되었습니다.

지금은 평범하나마 단란한 가정과 안정된 직장생활을 하고 있지만, 저와 중학교를 함께 다녔던 동기들은 대부분 교육받을 기회를 충분히 갖지 못했고, 우리 사회의 그야말로 비공식 부분에서 일하고 있습니다. 부모에게서 받은 것이 없으니 자식에게 물려줄 것도 없는 가난의 대물림, 이 슬픈 운명의 사슬을 끊을 수 있는 길이 교육이라는 사실을 그 누구보다 절감한 저로서는 탈북자들의 교육에 관심과 애정을 쏟으시는 교수님의 열정이 마치 저를 도와주는 것처럼 감사하게 느껴졌습니다.

정치인으로서의 박 의원님은 익숙하지만, 아는 것은 별로 없습니다. 제가 정치 분야에 비교적 무관심하거니와 정파에 중립적이어야 하는 직업적 특성상 그런 것 같습니다. 그래서 탈북자 북송 관련 단식 기사를 신문에서 본 기억은 나지만 사실 별 관심이 없었는데 'why' 기사를 보면서 교수님의 솔직한 심정과 순수한 열정이 가슴에 와닿았습니다. 가슴도 많이 아팠구요.

편하게 즐기면서 사셔도 되실 분이 목숨을 걸고 단식을 하시고 아무 관련도 없는 탈북자들을 위해 저렇게 마음을 쓰셨구나, 특별한 정치적 이유 없이 단지 탈북자와 관련해 몇 마디 한 인연으로 아무 기댈 곳이 없어 절박한 심정에 찾아온 북송 예정 가족들의 절규를 외면할 수 없어서 아무 준비도 없이 덜컥 단식을 시작했다는 토로에서 살아 숨 쉬는 휴머니즘을 느꼈습니다.

제가 일면식도 없는 교수님께 초면에 너무 장황하게 쓴 것 같습니다. 교수님의 열정을 느끼고는 불이 좋아 불길에 뛰어드는 불나방 같은 기분이라 할까요. 옛날 우연히 장에서 봤던 남사당패의 흥겨운 가락에 열병을 앓다 단봇짐을 싸서 가출한 댕기 머리 처자의 심정이라면 너무 과한 표현이겠죠. 제 감흥에 취해 그런 것이니 양해 바랍니다. 제가 이렇게 글을 보내는 이유는 다음 두 가지 이유입니다.

　우선 앞으로 교수님의 탈북자 지원 활동, 특히 어린이 교육 사업에 미력이나마 함께 하고픈 마음이 있는데 어떻게 하면 좋을지 여쭤보고 싶었습니다. 공무원인 제가 할 수 있는 일에 한계가 있겠지만 교수님의 큰 뜻에 동참하고 싶은 마음에 이렇게 연락을 드립니다.

　또한 혹시 기회가 되시면 덤으로 교수님께 조언을 한번 받고 싶습니다. 제가 금년에 연세대 행정대학원에 북한 동아시아 분야 전공으로 입학합니다. 입학 지원은 교수님 글을 보기 전인 작년 9월경 한 것이고, 북한을 전공으로 택한 이유는 앞으로 북한에 관해 공부해두면 좋을 것 같다는 막연한 생각에 선택한 것입니다. 실제로 북한의 어느 분야를 집중적으로 공부하면 좋을지 교수님 조언을 한번 받으면 좋겠다는 생각을 했습니다.

　두서없이 글이 너무 길었습니다. 기회가 된다면 교수님을 찾아뵙고 싶습니다.

　건강관리 잘하시고 그 열정을 더욱 불사르시어 지금 이 순간에도 좌절과 원망감에 남모르게 눈물 흘리고 있을 수많은 탈북 청소년들에게 희망의 등불이 되어주시기를 당부드리고 기원합니다. 기회가 되는대로 저도 미력이나마 동참하겠습니다.

2015.2.5. 박주찬 올림
(이 편지를 시작으로 몇 차례 이메일을 주고받았음)

한국일보 배달 소년 - 박 대통령 서거

중학교 1학년 때는 서울신문을 1년 정도 배달했었고 중학교 3학년 때는 한국일보를 배달했다. 한국일보는 새벽 신문이다 보니 집에서 새벽 4시에 일어나서 15분 거리의 신문보급소에 나가 신문 사이에 광고지를 끼우고 준비해 100부 정도의 신문 배달 일을 마치고 등교했다.

그러던 어느 날 늦어도 새벽 5시에는 도착해야 할 신문이 지국에 배송되지 않았다. 본사에 전화해도 "모르겠다"고만 했고 새벽 6시가 되어도 마찬가지였다. 답답해하던 지국장이 브리샤 승용차를 몰고 광화문 한국일보 본사까지 다녀와서는 "나라에 변고가 생겼다고 하고 광화문 근처에 군인들이 잔뜩 깔려있다"면서 "신문이 늦어진다는 얘기만 들었다"고 했다.

아침 7시쯤 신문이 왔는데 1면 톱 기사에 '朴 大統領 有故(박 대통령 유고)'라고 대문짝만하게 적혀있었다. 어리둥절한 우리는 40대의 신문사 총무에게 무슨 뜻이냐고 물으니 그는 "'있을 유'에 '사고 고'니 대통령에게 사고가 있다는 뜻"이라며 "어디 아프시거나 해외 순방을 가신 것 같다"는 하나 마나 한 소리를 해줬다.

신문을 배달하는데 몇몇 집에서 곡소리가 들렸다. 어느 집에선 대통령이 돌아가셨다며 울고 있었다. 나는 그때 '유고'가 돌아가셨다는 말인가 보다 생각했다. 신문 배달을 마치고 9시가 넘어 학교에 갔더니 김미랑 담임선생님과 같은 반 여학생들이 울며 기도하고 있었고 (교회에서 세운 기독교 학교이다 보니), 남학생들은 시무룩하게 앉아 있었다.

당시만 해도 우리 국민에겐 조선 왕조 시대의 정서가 일부 남아있어서 고종 승하 시 곡을 했던 것처럼 박 대통령 서거에 곡을 했던 것 같다. 나는 지금도 박정희 대통령이 돌아가신 10월 26일이면 새벽 신문을 배달하며 몇몇 집에서 들었던 슬픈 곡소리의 기억이 떠오른다.

1987년 12월 대통령 선거 - 필승 작전(100% 참여에, 100% 1번)

지금은 그런 일이 없을 테지만 과거 내가 군 생활을 할 때만 해도 믿지 못할 일들이 많았다. 그중 한 가지가 대통령 선거 투표와 관련된 것이다. 지금도 대선 때만 되면 그때 생각이 나는 걸 보면 나에게는 일종의 대선 트라우마로 남아있는 것 같다.

1987년 12월 대통령 선거를 앞둔 시기에 나는 경기도 전곡에 있는 모 부대에서 소총 중대 작전서기병으로 복무하고 있었다. 1988년 1월 말에 전역했으니 얼추 전역을 40여 일 앞두고 대통령 선거를 하게 되었다.

당시 3김(김영삼, 김대중, 김종필) 후보와 노태우 후보 간에 치열하게 경쟁을 하던 때라 선거 분위기가 뜨거웠는데 군부대에도 그 열기는 전해져 왔다. 우리 부대에선 11월경부터 고기 회식이 잦았다. 11월 말경부터는 중대장이 병사들을 개인별로 면담했는데 누구에게 투표할 것인지를 확인하는 절차였다.

투표는 중대장실에 설치된 기표대에서 투표한 뒤 투표용지를 중대장에게 보이고 투표함에 넣는 식으로 진행한다고 했다. 그런데 투표 후 투표함이 연대로 가면 형광 불빛으로 확인하여 각 중대별로 투표 결과가 파악된다는 얘기가 공공연하게 돌았다. 중대장 면담에서 "1번 노태우 후보를 찍지 않겠다"고 밝힌 병사들은 1번을 찍겠다고 할 때까지 2차, 3차 면담을 반복해야 했다.

당시 내가 맡은 중대 작전서기병의 주요 임무는 정보, 작전, 정훈, 교육에 관해 중대장을 보좌하는 일인지라 중대장님과 친하게 지냈었다. 드디어 내 면담 차례가 왔고 "누구를 찍겠냐"는 중대장의 물음에 나는 "기권하겠다"고 했다. 이유를 물어와서 "나는 운동권은 아니었지만 내 선배, 동기, 후배들이 피를 흘려서 얻어낸 직선제 개헌인데 1번을 찍음으로써 그들에게 돌을 던질 수는 없으니 기권을 하겠다"는 취지로 말했다. 그랬더니 2차 면담과 3차 면담이 이어졌다.

당시 중대장은 갑종 출신이라 소령 진급을 못 하고 전역 예정이었는데 "예비군 중대장이라도 하려면 대대장님 평가를 잘 받아야 한다"며 내가 1번을 찍어줘야 한다고 설득했다. 100% 투표에 100% 1번에 투표하는 이른바 '필승 작전'이 진행 중이니 내가 반드시 1번을 찍어야 한다는 것이었다.

12월 18일 투표일이 점점 다가왔고 우리 중대에서는 나 외엔 모두 1번을 찍겠다고 투항한 상태였다. 대대 전체에서도 11중대의 행정병 1명과 12중대의 학사 장교 출신 소대장 1명 그리고 나까지 전체 약 500명 중 3명만이 버티고 있었다. 소문은 대대 전체에 퍼졌고 순식간에 모두의 관심사가 되었다.

갑자기 내가 무슨 민주 투사라도 된 듯 행정반에 앉아있으면 종종 행정 전화로 "잘 버텨달라"는 둥 "지켜보겠다"는 둥 힘내라는 격려가 왔다. 그러다 보니 나도 모르게 의무감과 묘한 영웅 심리 같은 게 작동됐다. 그런데 며칠이 지나자 나 외엔 모두 투항해 대대 전체에서 나만 버티는 형국이 되었다.

네 번째 면담을 위해 중대장 관사로 불려갔다. 이번엔 중대장 사모님까지 합세하여 술을 따라주며 설득에 나섰다. 사모님의 인간적인 설득에 마음이 흔들렸다. 내가 1번을 안 찍는다고 세상이 달라질 것도 아니고 중대장님과의 인연을 생각하면 1번을 찍어야 할 것 같았다.

그런데 그 순간 마음속에서 '만약 내가 이렇게 무너지면 그동안 못 나섰지만 심적으로 지지했던 수많은 힘없는 양심들을 술 한잔 얻어 마시고 저버리는 것 아니냐'라는 가책이 느껴졌다. 더욱이 "선거가 끝나면 그동안 행정병으로서 고생 많았으니 2주짜리 포상 휴가를 보내주겠다"는 당시 이홍우 중대장님의 말을 들으니 묘한 투쟁 심리가 고개를 치켜들었다.

내가 끝까지 버티자 이번에는 대대장님 면담이 있었다. 잔뜩 긴장하고 대대장실에 들어갔더니 양병성 대대장님은 차를 한 잔 내주면서 온화하게 이유를 물었다. 미리 연습한 대로 내 소신을 말했더니 "알았다"고만 하고는 보내줬다. 의외였다. 그러나 그 뒤로도 선거일까지 중대장님께 며칠을 더 시달렸다.

드디어 선거 날 나는 아침 일찍부터 잔뜩 긴장했다. 과연 내 의지대로 투표할 수 있을까? 마음속 다짐을 하면서도 팽팽한 긴장감에 아침밥도 먹는 둥 마는 둥 하고 행정반에 앉아있는데 드디어 투표를 하라는 호출이 떨어졌다. 나 외엔 모두 투표를 마친 것이다.

중대장실에 들어갔더니 중대장은 잔뜩 찌푸린 얼굴로 인상을 쓰고 있었다. 나는 잔뜩 긴장은 되었으나 애써 차분하게 기표대로 가서 김영삼 후보와 김대중 후보 중간에 도장을 찍었고, 어쩔 수 없이 중대장 앞에 내밀었더니 중대장은 욕설을 하면서 유리 재떨이를 집어 들었다. 마침 문 앞에서 숨죽여 상황을 지켜보던 인사계님이 달려들어 말

려줘 얻어맞지는 않고 그대로 투표함에 넣고 나왔다.

그다음 날부터 중대장의 보복이 시작되었다. 행정병인 나를 화기 소대로 발령냈다. 원래 추운 12월은 연병장 야외 교육이 없는데 갑자기 M60 사격술 교육을 시키며 훈련 상황을 중대장이 지켜보고 서 있었다. 나 때문에 화기 소대 소대원들은 한겨울 꽁꽁 언 연병장에 엎드려 사격 훈련을 했다. 말년에 가려고 아껴두었던 포상 휴가도 전역 때까지 정지당한 채 한 달 넘게 연병장 땅바닥을 기며 추위에 떨다가 전역했다.

내가 행정병으로 있으면서 전에 받아놓았던 포상 휴가, 그리고 선거와 무관하게 원래 "고생했다"며 며칠 더 주기로 했던 포상 휴가 등이 모두 물거품이 됐다. 뒤에 생각해보니 내가 휴가를 나가 혹시라도 필승 작전에 대한 양심선언 등을 하지나 않을까 우려했던 듯하다.

시간이 흘러 전역날이 되었다. 전역 때면 사단에서 며칠을 대기하는데 그때 소원 수리라고 해서 부대의 문제점이나 지휘관에 대한 불만을 적어내는 과정이 있었다. 나는 그동안 중대장을 위해 고생을 많이 했는데 투표 때 1번을 안 찍었다는 이유로 그렇게 괴롭힌 걸 생각하면 중대장이 미웠고 중대장의 결점들을 많이 알았지만, 막상 부대를 떠난다고 생각하니 악담을 할 수는 없었다.

한참을 고민하다 중대장님 얘기는 적지 않고 내가 있던 부대 후배들의 장비와 예산 등에 관한 고충과 애로사항 그리고 대대장님 칭찬만 잔뜩 적어내고 전역했다.

아프리카 속담에 "강 건너 풀밭은 늘 푸르다"고 한다. "떠나간 기차는 아름답다"고 했던가. 중대 행정병으로 근무하면서 중대장님을 도와 많은 고생을 했다. 그때마다 "전역할 때 2주짜리 포상 휴가를 챙겨 주겠다"고 격려했었다. 그랬던 중대장님한테 핍박을 받다 전역했지만, 사단 정문을 나서면서 필승 작전의 악몽도 잊어버렸다. 지금 생각해도 그건 잘한 것 같다.

지나고 보니 내가 그때 1번을 찍지 않은 데는 당시 직선제 개헌에 대한 나의 소신도 있었지만 대대 전체의 응원 분위기가 나도 모르게 묘한 책임감과 영웅 심리를 발동시켰던 것도 같다. 누구든지 그런 상황에 처하면 본인의 의지보다는 군중 심리나 영웅 심리에 이끌려 합리적인 판단을 못 할 수도 있겠다는 생각이 든다. 그런 상황은 사전에 피하는 게 좋겠다.

고난의 고시 공부 7년 - 어쩌면 그렇게도 안 풀렸을까

뱀 주사위 놀이 - 아들에게는 이런 일이 없었으면 좋겠다

　내가 어렸을 때 뱀 주사위 놀이라는 게 있었다. 윷놀이와 비슷한데 종이에 좌우로 10칸 상하로 10칸 도합 100칸에 1~100까지 순서대로 숫자가 적힌 종이 그림이 있고 주사위를 던져 나온 숫자만큼 윷놀이 하듯 전진을 해서 먼저 100번에 도착하면 이기는 놀이다.
　그런데 재미를 위해 중간에 갑자기 몇 단계를 올라가거나 내려가는 뱀 모양의 화살표가 있어서 15에서 뱀 모양의 화살표를 따라 46번으로 급상승하기도 하고 반대로 70번에서 13번으로 곤두박질치기도 한다. 긴 뱀 모양으로 화살표를 만들어 놓아 뱀 주사위 놀이라고 명명했던 것 같다.
　대표적인 것이 극적인 재미를 위해 99번에 다시 1번으로 가는 뱀 모양이 그려져 있다. 그래서 94번까지 왔는데 주사위를 던져서 5번이 나오면 99로 가야 해서 다시 1번으로 돌아가게 되니 다 된 밥에 뭐 빠뜨리는 격으로 그야말로 "꽝"이 되는 것이다.
　이 놀이가 어렸을 때는 막연히 재밌는 놀이로만 생각하고 놀았는데 살다 보니 우리네 인생도 뱀 주사위 놀이 같다는 생각을 참으로 많이 했다. 열심히 해서 97번 또는 98번까지 왔는데 거기에서 던진 주사위가 2가 나오거나 1이 나와 재수 없게 99가 되어 다시 게임의 시작

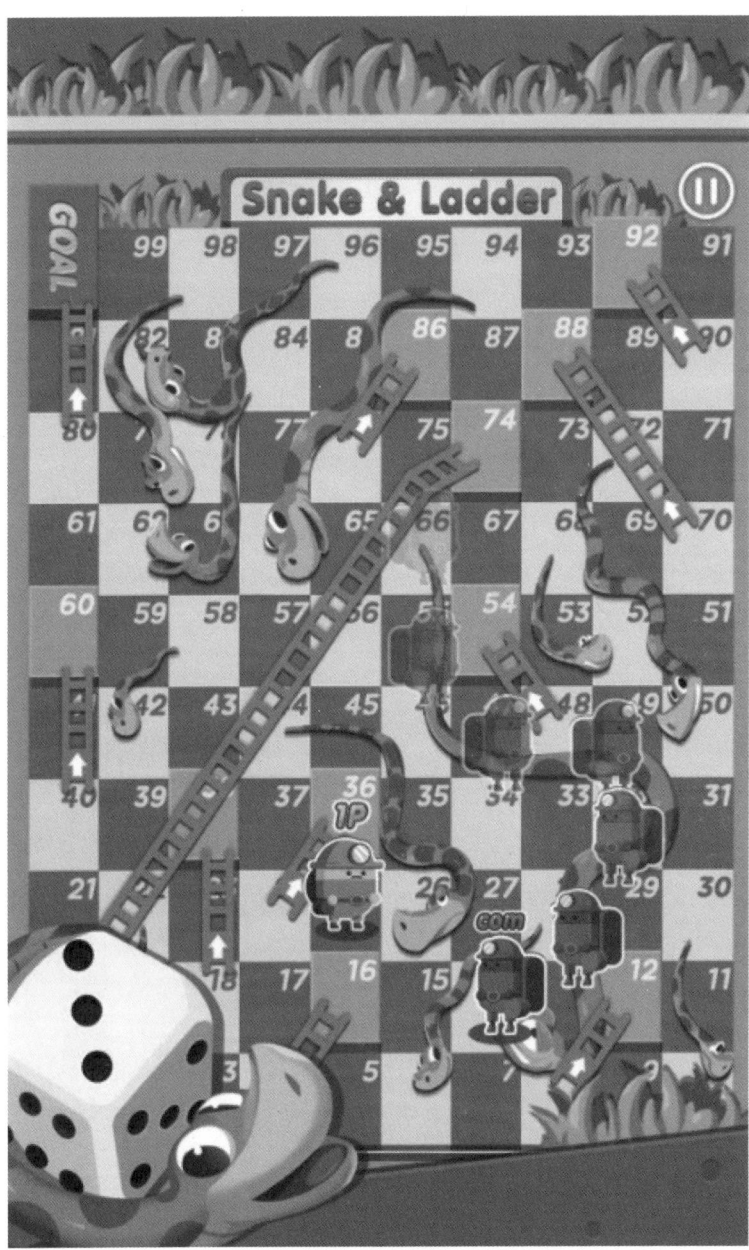

뱀 주사위 놀이판.

단계인 1번 칸으로 이동하는 끔찍한 일들을 그동안 여러 번 겪었는데 2024년 초에도 또 한 번 겪었다.

특히 사업을 하는 사람에게서는 한순간에 공든 탑이 무너지는 경우를 가끔 볼 수 있을 것이고 누구나 살면서 한두 번쯤 겪을법한 일이지만 그 횟수가 많았던 내 인생은 분명 주변 동료들에 비해 가혹했던 것 같다.

이 책에서는 그동안 내가 살아오면서 겪었던 뱀 주사위 놀이와도 같은 굴곡 많은 얘기들을 있었던 그대로 담담하게 적어보고자 한다. 뱀 주사위 놀이 99번에서 1번으로 떨어진 것만큼 고통스럽고 힘들었던 일들이 내 인생에 여러 차례 있었던 것 같다.

아빠의 경험

살다가 듣게 되는 난감한 질문들 - "도대체 어떻게 된 거야?"

예전에 친한 친구 주호가 갑자기 수술을 받고 병원에 입원한 적이 있다. 놀란 친구들이 하나둘 병문안을 가게 되었는데 첫 번째로 찾아온 친구가 회복 중이던 그 친구에게 걱정스럽게 물었다. "어떻게 된 거야?"

"응, 일본에 출장 갔다가 갑자기 복통이 심해서 병원에 갔는데 원인을 못 찾고 계속 검사를 하다가 (중략) 나중에 대사관 도움으로 급하게 귀국을 했고 ㅇㅇ가 도와줘서 급하게 이 병원에 왔는데 시간이 지체되어 복막염이 심해서 어쩌고저쩌고~ 응급으로 수술을 했고 하마터면 큰일 날 뻔했는데 의사 선생님 얘기가 어쩌고저쩌고~".

기운도 없는 그 친구가 한참 상황 설명을 하고 잠시 쉬는데 다른 친구 부부가 찾아와서 다시 묻는다. "아니 어떻게 된 거야?" 그 친구는 또다시 한참을 설명해야 했고 지쳐서 잠시 쉬고 있는데 그때 내가 병원에 도착하자마자 물었다. "주호야 어떻게 된 거야?" 그랬더니 그 친구 와이프 도 여사 왈 "아이고 우리 신랑 죽어요. 그 복잡한 얘기를 또 해줘야 돼요?"

뒤늦게 상황 파악을 하고 난 우리는 한바탕 웃었다. 나는 그 친구 처에게 "또 친구들이 올 텐데 그간의 상황을 간단히 적어서 뒤늦게 온 친구가 '어떻게 된 거야'라고 물을 때마다 읽어보라고 1장씩 주자"고 말하며 또 한바탕 웃었다.

내가 요즘 그와 비슷한 경험을 하고 있다. 총경 승진을 포기하고 경찰서로 옮겨온 뒤 시간 여유가 좀 생겨 그동안 못 봤던 친구들도 보고 몇몇 모임에 참석을 해보면 나에게 묻는다. "경찰서로 옮겼다고? 그러면 경찰서장이야? 어떻게 된 거야?" 그때마다 일일이 설명도 안 되고 참으로 난감하다.

과거 30여 년 전 고시 공부도 열심히 했고 경찰 간부로 들어가서 꽤 오래전에 경정을 달았으니 지금쯤은 어떻게 됐으리라는 짐작과 부합되지 못하는 나의 현실을 이해시키는 데 간단한 설명으로는 부족하기 때문이다. 그런 질문을 받을 때마다 참으로 난감하다. 이 책이 완성되면 그때마다 1권씩 주고 싶다.

지금 아들 나이쯤에 '맨땅에 헤딩'

군대를 제대하고 3학년에 복학 후 본격적으로 진로 고민을 했다. 부모님이 경제적 능력이 없으니 혼자 힘으로 기반을 잡고 싶다는 욕심에 고시에 관심이 끌렸다. 사업을 하던 큰형님을 찾아가 3년 안에 반드시 합격할 테니 3년만 도와달라고 했으나 형님은 집안 형편을 고려해서 빨리 졸업하고 취직을 하라고만 했다. 형님의 그 말에는 달리 할 말이 없었다. 어찌 보면 당연한 얘기였다.

그래서 우선 내 힘으로 돈을 벌어 1차를 합격하고 나서 형님에게 도움을 청하겠다는 무모하면서도 대안 없는 계획을 세우고 아르바이트 자리를 알아보던 중 친구 승찬이의 권유로 1학기를 마치고 여름방학에 콘도 분양업에 뛰어들었다.

어려서부터 장사를 많이 해봐서 무엇이든 파는 데는 자신이 있었다. 그러나 대중화되지도 않았고 수천만 원으로 고가인 콘도를 판다는 것은 20대 중반의 젊은 나에게는 쉬운 일이 아니었다. 내가 아는 사람 중에는 콘도를 살 수 있는 사람이 단 1명도 없었다.

말이 분양이지 영업직이었고 월급은 없이 일비로 2천 원이 나왔다. 100여 명의 40~50대 영업사원이 있었고 그중 한 달에 1개라도 파는 사람은 10명이 안 되었다. 1개를 팔면 50만 원의 수당이 나왔으니 1989년 당시로서는 1개만 팔아도 적지 않은 월수입이 되는 구조였다.

무더운 여름에 정장 차림으로 오라는 데는 없어도 갈 곳은 많다는 영업사원 생활을 했다. 한 달 반 동안 1개도 못 팔고 고생만 하고 다녔다. 이래서는 안 되겠다 싶어 특단의 대책을 세웠다. 일단 콘도를 살 수 있을 만한 대기업 임원 방을 불쑥 찾아갔다. 대부분 부속실 아가씨에 의해 쫓겨났지만 임원을 대면하면 "딱 5분만 시간을 주시면 절대 후회하지 않게 할 자신이 있습니다"며 패기 있게 덤볐고 그중 일부가 먹혀 영업의 실마리가 풀리기 시작하였다.

1년에 20일 정도를 별장처럼 가족 휴양지로 사용하고, 투자 가치도 아주 유망하다는 임팩트있는 브리핑은 의외로 먹혀들었다. 사무실에서 배운 내용을 내 방식으로 각색하여 워낙 자신감 있게 설명했고 "안 하면 당신이 손해"라는 식의 약간은 건방진 영업 전략이 먹혀들어 갔다.

그러다 계약한 사람이 주변 지인들을 소개해주면서 1달 만에 무려 8개를 팔았다. 10개를 판 보험회사 소장 출신 50대에 이어 2등의 실적으로 대박을 터트렸고 여러 차례 앞으로 불려 나가 성공 사례 발표를 하기도 했다.

그러나 보너스까지 얼추 500만 원을 벌었고 이 돈이면 신림동 고시촌에서 약 1년간은 버틸 수 있을 것 같았다. 그리고 만약 그때 그만두지 않으면 돈 욕심에 고시 공부를 할 수 없을 것 같았다. 그래서 과감히 그 돈으로 고시 공부를 할 거라고 말하고 그만두었다. 지금에 와서는 그때 계속 돈을 벌었다면 어땠을까 하는 생각도 들기는 한다.

당시 이길웅 사장님은 같이 일해보자며 여러 차례 붙잡았으나 안 되자 공부하다 언제든지 돌아오고 싶으면 연락을 하라며 이별주까지 사주셨다. 나는 꼭 고시에 합격해서 찾아뵙겠다고 약속했는데 그 뒤로 찾아뵙지 못했다.

어느덧 찬 바람이 부는 1989년 9월 말경 3개월 동안 고생해서 번 돈 500만 원을 들고 신림동 일천고시원에 입실하였다. 그렇게 해서 고시 공부를 본격적으로 시작했고 이 돈으로 1차를 합격하지 못하면 죽겠다는 각오로 열심히 한 결과 이듬해 1990년에 행시 사회직 1차에 합격했다. 서울신문 합격자 명단을 들고 큰형님을 찾아가 늦어도 2년 안에 합격할 테니 도와달라고 했다. 그간의 애기를 들은 형님이 대견해 하시는 것 같았다. 미안한 표정으로 도와주겠다고 해서 지원을 받게 되었다.

그 뒤로 큰형에게 많은 신세를 졌다. 특히 둘째 형은 공무원으로 있으면서 박봉을 쪼개 많이 도와주었다. 두고두고 미안한 일이다.

그런데 이처럼 비교적 쉽게 1차에 합격한 행운이 힘들고 고통스러웠던 긴 어두운 터널의 시작이 될 줄은 꿈에도 몰랐다.

이 얘기는 못 들어 봤을 거야 - 한 많은 역선택

1990년에 행정고시 1차에 합격하고 1991년도에는 반드시 합격하겠다는 각오로 임했다. 당시 집안 형편으로는 벌어도 시원찮은데 공부하느라 돈을 쓰고 있었으니 죽어도 꼭 합격해서 끝내겠다는 각오로 열심히 공부했다.

1991년 7월 2차 시험은 4일간 7과목을 보는데 첫날 2과목은 무난히 잘 봤다. 그런데 두 번째 날 경제학에서 복병을 만났다. 큰 문제 논술형 문제와 약술형 2문제 중 1문제는 알겠는데 나머지 약술 문제 '역선택(adverse selection)'이라는 문제는 생전 처음 보는 문제였다.

당시 이학용 미시경제학책을 선배한테 물려받아 공부한 나로서는 미시경제학의 문제인 것으로 짐작은 하겠는데 아무리 봐도 처음 보는 문제였고 도저히 써낼 수가 없었다. 그런데 시험이 끝나자마자 여기저기서 "이준구~ 이준구~" 소리를 해댔다. 이준구 책에 있다는 것이었다.

이 문제는 당시 미국에서 공부하고 서울대 교수로 부임한 소장파 이준구 교수가 본인이 쓴 미시경제학 책 '정보 경제학'에 나오는 내용을 파격적으로 출제한 것이었고, 나처럼 돈이 없어 신간 책을 못 본 사람은 쓸 수 없었다. 그런데 이준구 책을 사봐서 개념을 아는 수험생이 의외로 많았다.

그해 나는 7과목 총점 7점 차로 2차에 낙방했다. 역선택 개념만 써내도 15점 이상을 받았다고 했다. 역선택 문제를 몇 줄 개념이라도 써 냈다는 사람들은 대체로 합격생 대열에 들었다. 지금은 모 부처 국장으로 있는 후배는 고시원 휴게실에서 우연히 들었던 얘기가 생각나 몇 줄 개념만 적었고 그 역시 그 덕에 합격한 것 같다고 좋아했다.

그 후로 정보 경제학은 고시 수험가에 중요한 테마로 자리 잡았고 역선택이라는 개념도 유명해졌다. "만약 그때 이준구 교수가 출제 위원으로 들어가지만 않았다면…. 그 문제만 출제되지 않았다면…." 지금까지 수도 없이 마음속으로 되뇌어본 말이고 내 인생에 너무도 아쉬운 첫 실패였다.

아빠가 네 할머니에게 큰 죄를 지었다

 1992년도에 다시 1차를 합격하고 1993년에 드디어 행시 사회직 2차 시험에 합격하였다. 서울신문에 발표가 되었고 수도 없이 축하 전화가 왔다. 대학 정문에는 합격 축하 플래카드가 내걸렸고 학보사 기자와 인터뷰한 기사도 학보에 나왔다.

 마침 그해 어머니 생신을 맞아 어머니의 5남매 남매 계가 우리 집에서 모일 차례여서 우리 집에 모였는데 때마침 내 합격 소식이 전해졌고 한글도 모르시던 어머니는 "아들이 과거급제한 것"이라고 이모들이 분위기 조성을 하자 나를 붙들고 고맙다며 많이 우셨다.

 그런데 기쁨의 눈물도 잠시, 당시 보건복지부에 근무하던 대학 선배가 어떻게 알았는지 사회직 최종 25명 모집에 26명을 뽑아서 면접에서 1명을 탈락시키는데 내가 26등이라며 무슨 수를 쓰지 않으면 면접에 탈락할 거라는 청천벽력 같은 소식을 전해주었다.

 당시 2차 시험에 여러 개 직렬을 모두 합해서 약 260명이 합격했는데 면접 과정에서 특이사항이 없으면 각 직렬 별로 최하위 점수자 1~2명씩 약 10명이 3차 면접에서 탈락한다는 것이었다. 면접은 별다른 이슈 없이 무난하게 끝났으나 결국 사회직 25명 모집에 26등으로 합격한 나는 3차 탈락이라는 가혹한 형벌을 받았다.

 나중에 점수를 확인해보니 어려운 경제학 행정법 등 6과목은 모두 점수가 잘 나왔는데 국민윤리에서 40.00점이라는 도저히 이해할 수 없는 점수가 나왔다. 당시 총점 0.3점으로 등수가 바뀌는 치열한 상황에서 국민윤리 40점은 회복하기 힘든 치명타였다. 국민윤리는 그전에도 그 후에도 횡설수설 써내도 항상 50점대는 받았는데 귀신이 곡할 노릇이었다.

   시험 1달 전쯤 우연히 본 학술 잡지에 있는 논문 내용을 인용해서 쓴 것이 심각한 감점 요인이 된 거 같았다. 아무리 그래도 국민윤리 40.00점은 내 주변 모두가 납득 못하는 미스터리였다 그렇게 1993년도는 어머니에게 지금까지도 천추의 한이 되는 불효를 저지른 해가 되고 말았다.

차마 네 엄마한테도 할 수 없었던 얘기 - 죽고 싶었던 순간들

1993년도에 3차에 낙방하니 1994년도는 1차 시험을 면제해주어 2차 시험에 응시했는데 이때는 7과목에 평균 2점 즉 총점 14점 정도가 남는 우수한 성적이었는데, 그만 행정학 과락으로 낙방했다. 평소 점수도 잘 나오고 나름 자신 있었던 행정학에서 과락을 받은 것이다. 그 결과가 참으로 고통스러웠다. 뻔히 아는 문제였는데 시간에 쫓기면서 당황해서 순간 착각을 했다. 39.66점을 받았다. 또 한 번 귀신이 곡할 노릇이었다.

그다음 해 1995년도에는 경제적으로 도움을 받을 곳도 없었고 심신이 지쳐 있었다. 그때 내 사정을 잘 아는 친구 현준이가 과외 자리를 옮기면서 고3 영어 과외를 넘겨줬다. 억지로 힘을 내어 1주일에 2번씩 과외를 해주며 고시원비와 생활비를 벌어가며 다시 한번 1차 시험에 도전해 합격했다.

그해에도 몇 달 후 2차 시험을 봤는데 7과목 총점 2점 차로 떨어졌던 것으로 기억한다. 내 성적을 ARS로 확인하고 돌아서는 순간 솔직히 죽고 싶었다. 1991년부터 5년째 운명의 장난이 계속된다는 생각뿐 아무 생각이 들지 않았다. 그냥 모든 것을 리셋하고 싶다는 생각만이 간절했다.

고스톱 판에서 내가 들고 있는 패가 너무 안 좋으면 미리 '죽을' 수 있는 것처럼 "운명의 판을 바꿀 수만 있다면 그 무엇이라도…". 이것은 달콤한 유혹이었다. 내 운명의 패만 바꿀 수 있다면 주변 친구나 후배들처럼 고시에 무난히 합격할 수 있으리란 생각만이 맴돌았다.

일단 신림동에 있을 수가 없어 돈을 빌려 무작정 남쪽으로 떠났다. 목적지도 없고 딱히 정한 일정도 없이 내 몸은 서울역으로 향했고 결국 낯선 신안 앞바다까지 갔다. 정처 없이 떠난 길이었고 거기서 지붕도 좌석도 없는 철선을 타고 몇몇 섬을 휘돌다 무작정 낯선 섬에 내렸다.

어떻게 할 것인가? 한심하게도 죽고 싶다는 생각과 배가 고프다는 생각이 동시에 들었던 기억이 있다. 걸어서 한참을 섬 이곳저곳을 헤매다녔고 이윽고 해가 뉘엿뉘엿 지자 허름한 민가를 찾아가 민박을 청했다. 그곳에서 하룻밤을 묵으며 구체적으로 어떻게 할 것인지 고민했다.

만약 죽는다면 죽기에 좋은 장소 같았다. 인적이 드물었고 죽어도 쉽게 찾지 못해 주변 사람들이 자살했는지를 모르겠다는 생각부터, 만약 가족들이 알게 되면 이 머나먼 곳까지 오시게 해야 하나 하는 생각들이 교차했다. 특히 늘 안부를 걱정하며 따뜻하게 품어주시던 할머니 생각이 많이 났다.

도대체 어딘지도 모르는 낯선 곳에서 그야말로 갈 곳을 잃은 나는 쉽게 잠들지 못하고 온갖 상념에 젖은 채 오만 생각을 하며 밤을 지새우다 새벽녘에 잠들었다. 그곳에서 이틀을 머물다 결국 가족들을 생각해 마지막으로 다시 한번 더 도전해보는 쪽으로 마음을 정리하고 서울로 돌아왔다.

가까스로 마음을 다져 잡고 심기일전하려는데 또 한 번의 엄청난 재앙이 덮쳤다. 12월 31일 자에 공지된 1996년 행정고시 모집 요강에는 내가 1차에 합격해 놓은 행정고시 노동행정직 시험이 없다는 것이었다. 행정고시 수십 년 역사에 그때 딱 한 번 그런 일이 있었던 것 같다.

당시 경제적 지원이 막막해서 당장 몇 달도 버티기 힘든데 1년을 기다렸다가 그다음 해에 시험을 보라는 건 수험 생활과 관련해서는 사실상 사형 선고나 마찬가지였다.

억지로 다잡은 마음이 다시 천 갈래 만 갈래 찢어졌고 고시 역사상 전무후무한 황당한 사태 앞에서 내 인생에 대해 너무나 큰 회의감이 밀려왔다. 도저히 납득할 수가 없었다. 정말 신이 내게 너무도 가혹하다는 생각만 들었다. 어찌하여 나에게는 매년 이렇게도 가혹한 형벌을 내리는가 싶었고 삶에 대한 의욕을 완전히 잃고 말았다.

그렇게 삶의 의욕을 잃은 채 깡소주를 마시고 깊은 밤 미친놈처럼 관악산 산속을 헤매며 세상을 원망하던 나는, 뜻하지 않게 2개월 후에 있은 경찰 간부 시험에 응시하여 기적처럼 운 좋게 경찰이 되었다. 얼떨결에 경찰 간부가 된 드라마 같은 얘기는 후술한다.

왜 경찰관이 되었냐면 - 이것이 운명인가 보다

1995년 12월에 가까스로 마음을 다져 잡고 96년 2차 시험을 준비하던 중 연말에 공지된 「96년 행정고시 모집 요강」에는 내가 어렵게 1차 시험에 합격해 놓은 행정고시 노동행정직 2차 시험이 없다고 했다(그 직렬에만). 그 소식에 크게 낙담하고 세상 의욕을 다 잃고 실의에 빠져있는데 사시 공부를 하던 대학 선배 형운이 형이 경찰 간부 시험을 응시해보라며 찾아왔다.

그 형 얘기로는 지방자치가 시행되면서 행정고시에 합격해도 자치단체장을 하지 못하니 경찰 간부가 된 뒤 고시에 합격하면 훨씬 전망이 좋다고 했다. 이미 고시 1차에 합격해 놓았으니 경찰 간부로 들어가서 1997년 2차 시험에 합격하라는 얘기였다. 당시 경찰 고시특채는 2~3년에 한 번씩 5명 정도만 선발(사시, 행시, 외시 출신 중)하니 경찰 간부로 임용되기가 매우 힘들었다.

문제는 내가 행시 공부를 해서 형법과 형소법에 문외한이었고 시험이 3월 초라 불과 두 달도 채 안 남았다는 것이었다. 그래도 형운 형은 이번에 최선을 다해보고 안 되면 내년 초에 다시 이 시험을 봐 합격하고, 내년 경찰 교육을 받으면서 고시 2차를 합격하면 좋지 않겠냐며 설득하였다. 그러기 위해서는 이번 시험에 떨어지더라도 최선을 다해볼 필요가 있어 보였다.

그래서 우선 지금은 변호사를 하고 있는 대학 동기 선근이를 찾아가 자문을 구했다. 그러나 내 얘기를 들은 선근이의 그 점잖은 입에서 욕부터 나왔다. 객관식 시험이니 형사소송법은 어찌 해본다고 해도 형법을 두 달 만에 이해하고 문제 풀이를 한다는 건 불가능하다는 얘기였다.

총론과 각론을 합해 2천 페이지가 넘는 형법 기본서를 두 달 만에 읽고 이해하기도 힘든데 시험을 봐서 좋은 성적을 기대하기는 불가능하다는 설명이었다. 그럼 그렇지, 내 인생이 쉽게 풀릴 리가 없지~. 실망감이 컸다.

그러나 당시로서는 달리 대안이 없었다. 세상에 대한 원망을 다 책에 쏟아붓는 심정으로 7과목 중 영어, 행정법, 민총 등 행시 공부와 겹치는 다섯 과목은 팽개치고 두 달간 형법, 형사소송법에만 미친 놈처럼 매달렸다. 기본서를 읽는 건 포기하고 기본서를 설명해주는 형법 강의 테이프 90분짜리 80여 개를 하루 15~6시간씩 죽어라 듣고 형법 문제집에 답을 달아서 달달 외웠다. 형소법은 기본서도 안 보고 그냥 문제집에 답을 달아서 법조문을 확인하면서 외워댔다.

궁하면 통한다고 했던가. 삶의 막다른 길목에서 이 길이 아니면 죽는다는 각오로 밤을 새우던 정성이 불쌍하고 갸륵했던지 행운의 여신은 이때 처음으로 미소를 보내주었다. 이 시험을 위해 수년씩 매진하는 수많은 수험생들이 있어 얼추 150 대 1로 기억되는 그 시험에 기적처럼 합격했다(그해 응시 제한 연령을 35세로 늘리고 과목을 고시 과목과 겹치게 바꿔서 유독 치열했고 경쟁률이 9시 뉴스에도 소개되었다).

그러나 시험에 합격하고 부평 경찰종합학교에서 1년간 교육을 받으면서도 이렇게 얼떨결에 경찰 시험을 봤다는 애기만큼은 그 누구에게도 하지 않았다. 다들 몇 년씩 공부해서 들어왔고 특히 동국대 경찰행정학과 출신들은 이 시험을 목표로 몇 년씩 고생해서 합격했는데 아무리 팩트이고 내 상황이 특수해도 이 애기는 오해를 사기에 충분했기 때문이다. 친구 선근이는 도저히 믿을 수 없다고 했다. 그렇게 코너에 몰려 있던 나는 얼떨결에 경찰이 되었다.

1996년 3월 초 경찰 시험에 합격하고 한 달 후 부평에 있던 경찰종합학교에 입교해 1년간 경찰 교육을 받았다. 동기(50명)들과 먹고 자며 지내는 1년 동안 여러모로 유익하고 즐거웠던 기억이 많다. 특히 당장 고시원비 등 생활비 걱정을 안 하고 지내는 생활이 참으로 마음 편했다.

그렇게 교육을 받으며 틈틈이 고시 2차 공부를 했으나 동기생들과 술자리가 잦아지고 이듬해 4월 일선 서에 발령을 받아 근무하다 보니 6월에 있던 2차 시험에서 낙방하였다. 나름 꼭 합격하고자 노력했으나 직장을 다니다 보니 공부량이 절대적으로 부족했고 헝그리 정신이 약해진 결과인지 비교적 큰 점수 차(평균 2점 정도)로 낙방했다. 나의 젊음을 불살랐던 고시와는 그렇게 인연이 닿지 않았다. 지금도 왜 1996년도에 노동행정직 선발을 안 했는지 궁금하다.

어머니 왜 하필 그때 그렇게 가셨습니까?

1997년 2차 시험에 낙방하고는 나이도 있으니 결혼을 하고자 서둘렀다. 이제 결혼도 하고 편하게 살고 싶었다. 1998년 2월 결혼을 할 때만 해도 고시에 대한 미련을 완전히 버렸고 신혼의 단꿈에 젖어 즐거운 시간을 보내던 중 1998년 3월경 행시 1차 시험 원서 접수 기간이 돌아왔다. 해마다 치러왔던 원서 접수와 시험 응시의 루틴에서 벗어나지 못했는지 원서 접수 시기가 되니 정말 마지막으로 한 번만 더 해보고 싶은 욕심이 생겨 응시 원서를 접수했다. 나이 때문에 정말 마지막 기회였다.

당시는 경찰서 조사계에서 고소, 고발 사건을 수사하는 근무 중이라 주간에는 바빴으나 퇴근 후 짬짬이 근처 계명대 도서관에 가서 공부했다. 어차피 그동안 해왔던 공부라 정리해놓은 내용 위주로 공부했고 1차에 응시를 했는데, 운 좋게 다시 합격했다. 4번째 1차 합격이었다.

큰 기대를 하지 않고 시험을 봤는데 운 좋게 합격한 것이다. 집사람도 처가에서도 모두 좋아했고 사무실에서도 깜짝 놀라면서 격려를 많이 해줬다. 특히 경찰 간부 후보생 선배였던 수사과장님이 많이 격려해주셨다. 2차 시험 일자가 다가오자 조사계에 업무가 많으니 2주 정도 휴가를 내서 공부하라고도 배려해주셨다. 참으로 감사했고 꼭 합격해 보답하고 싶었다. 드디어 휴가를 떠나기로 한 날 내 승용차 트

렁크에 책을 다 싣고 떠나려는데 점심을 먹고 가라며 복어집에서 점심까지 사주셨다. 막 점심을 먹기 시작했는데 동생 용준이한테서 전화가 왔다. 동생은 울면서 어머니가 쓰러져 분당차병원에 계신다고 했다.

급히 대구시청에 근무하던 집사람에게 전화를 걸어 휴가를 내라고 하고 점심을 먹는 둥 마는 둥 하고는 집사람을 태우고 분당 차병원으로 갔다. 도착해보니 평소 혈압이 좀 높으셨던 어머니가 뇌출혈로 쓰러져 의식이 없고 뇌가 부어 수술을 못 하고 있다고 했다.

1주일 동안 병원에서 울면서 대기했다. 내심 몰래 숨어서 공부하고 싶은 욕심도 있었으나 언제 어떻게 될지 모르는 상황이라 계속 대기만 했다. 그렇게 1주일이 지난 후 어머니는 의식을 회복하지 못하고 63세의 아까운 나이에 세상을 뜨셨다.

장례를 마치고 급히 신림동 고시원으로 가니 시험이 나흘 남았다. 공부하다가도 갑자기 돌아가신 어머니가 생각나고 내가 처한 상황이 황당해서 잡념이 들곤 했다. 그때마다 꼭 합격해서 어머니 영전에 바치겠다고 다짐하며 마음을 다잡았으나 그러잖아도 사무실 일이 많아 시간 확보를 못 한 데다 시험을 앞두고 마지막 10일 정도 책을 못 본 탓이 컸는지 낙방했고 나이 제한에 걸려 그렇게 고시와는 영원히 이별했다.

참으로 묘한 운명이 아닐 수 없다. 겨우 63세이시고 혈압이 높은 것 외에는 건강하셨던 분이 내 시험을 불과 2주 앞두고 갑자기 쓰러지셨고, 1주일 동안 매일 만나본 의사들은 한 치 앞을 알 수 없으니 가족들이 대기해야 한다고 했다

나에게는 어쩌면 마지막까지 그렇게 기묘한 상황이 연출되었는지 아무리 생각해도 기가 막혔고, 나나 그렇게 돌아가신 어머니나 참으로 복이 없다는 생각만 들었다. 그렇게 젊음을 불태우며 도전했던 고시와는 영영 이별을 고하고 말았다.

요즘도 가끔 그 시절을 되돌아본다. 과연 운명이라는 것이 있는가? 그래서 그렇게까지 수년간 아슬아슬한 점수 차로 떨어졌나? 그러나 그렇게 생각되지는 않는다. 두 가지 생각을 해본다. 우선 나의 악필 (필체가 안 좋음, 일명 파리똥 흘림체)이 주관식 시험에서 불리하게 작용했을 것 같고, 몇 차례 불운이 겹치다 보니 그렇게까지 가혹한 일들이 벌어진 듯하다.

1994년도에는 선배의 권유로 두 달간 펜글씨 학원도 다녔으나 필체 교정은 쉽지 않았다. 그러나 되돌아보면 극복 가능한 운명이었다고 믿는다. 좀 더 독하게 필체 교정과 공부에 매달렸다면 극복할 수 있었을 것이다. 하지만 경찰관이 되는 과정은 묘한 운명의 굴레가 아니었나 싶다.

아빠의 경험 | 내 뒷자리에서 공부하던 여학생 - 정치인 조윤선 씨

똑같은 사물을 보고도 서로 느낌이 다르고 똑같은 얘기를 듣고도 서로 생각이 다를 수밖에 없는 이유는 아마도 경험한 바가 다르고 개인적인 소회가 다르기 때문에 생기는 현상일 것이다.

수 년 전 박근혜 대통령 탄핵 관련해서 언론에 많이 오르내

렸던 조윤선 전 장관에 대해서도 나는 특별한 감회가 있다. 그분은 1991년 내가 신림동 벧엘고시원에서 2차 공부를 할 때 내 뒷자리에 앉아 공부했다. 나는 행시 2차 공부였고 그분은 사시 2차 공부였다. 나도 참으로 열심히 했지만 그분도 식사 때 외에는 항상 자리를 지키며 참으로 열심히 했던 기억이 난다.

당시 서로 일체 알고 지내지도 않았고 약 6개월 동안 등을 맞대고 앉아 공부하다가 자리에서 일어나면서 의자가 잠깐 맞닿았을 때 미안하다는 눈인사만 가볍게 나누던 정도의 인연이었지만 2000년대 초반쯤 그분이 정치인으로 언론에 나왔을 때 잠시 놀랐다.

그런데 2010년경 내가 경찰경호대에서 경호과장으로 근무하며 대통령 경호 행사를 하고 있는데 대통령 행사에 그분이 참석하였다. 당시 과거 함께 공부하다 고시에 합격한 많은 친구들이 중앙부처에 근무했으나 그분을 행사장에서 만나니(그분은 전혀 나를 알아보지 못했겠지만) 기분이 참으로 묘했다. 왜냐면 당시 나는 경정 진급 시험을 위해 퇴근 후나 주말에 틈틈이 헌법 공부를 하고 있었기 때문이다.

20년 전에 같은 방에서 헌법 책을 공부했고 나 역시 같이 1차에 붙고 같이 2차에 응시했고 경제학 '역선택' 문제만 아니었으면 조윤선 씨처럼 나도 1991년도에 합격해서 더 이상 수험생으로서 헌법 책을 보지 않았을 텐데 어찌하여 나는 아직도 헌법 책에서 벗어나지 못하고 있는가 하는 생각이 들면서 20여 년의 세월을 거스르는 것 같아 뱀 주사위 놀이가 생각났다.

2014년경 고양경찰서 경비교통과장으로 근무하던 시절의 저자(사진 가운데).

경찰 생활 28년 - 별일이 다 있었다

경찰이 되어보니 - 경찰에 대한 소회들

경찰의 구성원은 다양하다. 경찰대, 경찰 간부 공채, 고시 특채, 변호사 특채, 학사 경장 특채, 과학 수사나 사이버 수사, 외국어 특채, 세무 특채 그리고 경찰 조직의 주류를 이루는 순경 공채 등 다양하다. 경찰이 되기 전에 어려서부터 경찰을 꿈꾼 사람들도 있고, 경찰이 되기 위해 경찰행정학과를 나온 사람들도 있지만, 다양한 경로를 통해 여러 분야에서 활동하던 전문가들이 경찰로 충원되는 것이다. 나는 갑자기 경찰이 되었으나 그동안 생활 안전, 수사, 경비, 경호, 기동대, 교통, 정보 등 다양한 분야에서 근무했다. 그동안 경찰관으로서 28년을 근무한 소회들을 있는 그대로 단편적으로 적어보고자 한다.

우선 경찰대 출신들이 경찰 이미지 향상과 경찰 발전에 큰 기여를 했다. 그런데 함께 근무해본 경찰대 출신들에는 개인차가 많았다. 직원들과 원만하게 소통하며 조직 화합에 큰 도움을 준 직원들이 많았지만 자기주장이 너무 강한 경우도 있었다. 그리고 경찰대 출신이라고 다 잘되는 것도 아니었다. 쉽게 잘 풀리는 사람도 많았지만, 뭐 하러 경찰대에 갔을까 싶을 만큼 승진이 잘 안 돼 차라리 일반 대학에 갔다면 훨씬 행복하게 살지 않았을까 하는 생각이 들 만큼 안타깝고 아까운 인재들도 종종 봤다.

간부 공채 출신들은 일반 대학을 졸업하고 공채로 1년에 약 50명이 선발되어 1년간 경찰 교육을 받고 경찰대 출신처럼 경위로 일선에 배치된다. 그런데 구성원들을 보면 졸업한 대학의 스펙트럼이 꽤 넓다. 소위 SKY 대학 출신부터 지방의 덜 알려진 대학까지 다양하다.

그런데 좋은 대학을 나온 경우보다 반대의 경우인 사람들이 훨씬 유능하고 승진에서도 잘나가는 경우를 많이 봤다. 사람 능력이라는 게 알고 보면 큰 차이가 없으니 누가 더 절박하게 더 열심히 하느냐의 차이인 것 같다. 간부 공채로 들어온 서울대 법대 등 SKY 출신들이 경찰 생활 중 승진에서도 그렇고 빛을 발하지 못하는 이유도 같은 맥락이라고 본다.

우리 경찰의 여경들은 과거에는 경찰서의 꽃으로 불렸었다. 워낙 적은 인원을 뽑았기에 수백 대 일의 경쟁률을 뚫어야 했고, 한 경찰서에서도 10명 내외의 소수여서 나름 자부심도 대단했고, 비교적 보직 관리도 쉬웠다. 그러나 요즘 여경 채용 인원이 대폭 늘어나면서 여경 비율이 10%가 넘다 보니 여러 면에서 예전 같지 않다. 특히 직장과 육아를 병행하는 처지에서 야간 교대 근무는 상당한 부담이 되고 있어 여경들이 보직 관리에 상당한 애를 먹고 있는 것 같다. 출산율 장려 측면에서도 여경들의 근무 여건 개선과 보직 관리상 처우 개선이 시급한 것 같다.

다음으로 경찰의 90% 이상 절대다수를 차지하는 순경 공채의 경우 정말 다양한 사람들이 들어온다. 드물지만 SKY 대학을 졸업한 사람도 있고, 군대에서 소령으로 전역한 사람도 있고, 올림픽이나 아시안 게임 메달리스트들도 있다. 나이 제한이 없다 보니 다양한 경험을 가진 유능한 사람들이 많다. 그러나 아직도 순경에 대한 처우 개선이 미흡하다 보니 유능한 인재들을 끌어들이는 데 한계가 있는 것 같다. 정말 더 유능한 인재들을 유인하기 위해서라도 경찰 공무원에 대한 처우 개선이 시급하다고 본다.

보직 관리와 관련해서는 처음에 어떤 분야로 가느냐가 중요한 것 같다. 일선 지역 경찰을 어느 정도 경험하고 나서 경찰서나 도경 내근이나 수사나 형사, 정보 등 새로운 분야에 도전한 사람들은 지속적으로 전문성을 쌓아갈 수 있지만, 지구대 파출소나 기동대 위주로만 근무한 사람들은 전문성을 쌓는 데 좀 불리하고 진급에서도 추진 동력이 약한 것 같다.

경찰 생활을 하면서 경험해보니 너무 재주가 많거나 욕심이 많은 사람들은 승진에서 잘 풀리지 않는 것 같았다. 오히려 묵묵히 주어진 일에 충실하면서 남들보다 조금 장기적인 계획을 세우고 위아래 사람에게 충실한 경우가 승진을 잘하는 것 같았다. 주변에 보면 외견상 경찰답고 빛이 나는 직원들보다는 은행원 같고 선생님 같으면서 조용히 한 우물을 파는 직원들이 승진이나 보직 관리 면에서 결과가 더 좋은 경우를 많이 봤다.

경찰에서도 승진하는 데 소위 '빽'이라고 하는 유력자의 도움이 필요한 사실은 부인할 수 없는 것 같다. 더욱이 총경 이상 고위직은 정치적 흐름을 많이 탈 수밖에 없고, 그 이하 직급에서도 누군가 도와주고 이끌어주는 경우와 그렇지 않은 경우에 차이가 크게 났다. 그런데 빽이라는 것이 별다른 게 아니고 함께 근무한 상관과 후배들이 결국 빽이 되었다.

함께 근무한 과장, 계장, 팀장 중 일부가 상위 계급으로 진급하게 되면 결국은 나의 빽이 되는 것이다. 그러니 평소에 함께 근무한 상사들이나 후배들과만 잘 지내도 어느 정도의 빽은 만들어진다. 다만 서로 근무지가 바뀌어 그 사람들과 헤어지고 나서도 계속 연락하고 관리해야 내 사람이 되는 것은 당연했다.

경찰관으로 28년을 근무하면서 받아들이기 힘든 몇 가지가 있다. 첫째는 경찰에 대한 이미지가 아직도 부정적이고 다소 경시하는 느낌이 든다는 것이다. 경찰 조직에도 좋은 대학을 나와 수사나 사이버 분야 등 각종 경찰 업무에 전문성을 가진 유능한 직원들이 많음에도 불구하고 판사나 검사라는 직역에 비해 경찰관을 너무 경시한다는 느낌을 많이 받았다.

물론 절대적인 숫자에서 판사, 검사보다 경찰이 워낙 많고 하위직 숫자가 많다 보니 이해되는 측면도 있지만, 하는 일이나 능력 및 직급이 그리 차이나지 않음에도 불구하고 판사니 검사니 하면 귀신 보듯 하고 경찰관이라고 하면 시큰둥하는 우리 사회의 경찰에 대한 인식이 쉽게 바뀌지 않는 것 같다.

또 한 가지는, 내가 경험해본 경찰은 어느 행정 부처 못지않게 정말 청렴하고 투명해졌는데 아직도 그런 평가를 제대로 못 받고 있다는 것이다. 각종 영화 등에서 경찰관의 비리를 소재로 삼고 웃음거리로 만들어서인지 아직도 과거의 비리 경찰관 이미지가 없어지지 않은 듯하다. 하지만 내가 스스로 느껴온 경찰은 대한민국에서 최고 청렴한 조직으로 보인다. 내부 자정 능력도 그만큼 잘 작동되고 있고 나름 비약적으로 발전하고 있다고 생각한다.

경찰관의 유형 - 좌뇌형 경찰과 우뇌형 경찰

요즘 젊은 층에 잘 알려진 심리검사의 하나인 MBTI는 성격유형을 16가지로 나눈다. 외향적(E)인지 내향적(I)인지, 감각(S)이 먼저인지 직관(N)이 먼저인지, 사고(T)를 우선하는지 감정(F)을 우선하는지, 판단형(J)인지 인식형(P)인지를 따져 16가지 성격 유형 중 하나의 성격으로 개인을 설명하는 검사다. 그런데 과거에는 이보다 더 단순하게 좌뇌형과 우뇌형으로 구분했었다.

좌뇌형과 우뇌형은 두뇌의 기능과 특성에 관한 개념이다. 이 개념에 따르면 좌뇌와 우뇌는 각각 다른 기능을 담당한다. 좌뇌는 주로 분석과 순서, 논리 등의 기능을 담당하고 우뇌는 주로 비언어적인 요소들을 다루며 공간 인식, 상상력, 감성, 창의성 등의 기능을 담당한다고 한다.

흔히들 좌뇌형 인간이 수학, 과학적 능력이 뛰어나고, 우뇌형 인간은 예체능 계열에서 뛰어난 능력을 발휘한다고 한다. 대표적으로 개그맨들은 전형적인 우뇌형 인간이라고 한다. 그들이 비록 수학을 못해 학창 시절 공부로 두각을 나타내지는 못했지만, 반짝반짝하는 아이디어는 천재적이다.

좌뇌형 인간과 우뇌형 인간을 구별하는 예를 들어본다. 8살 아들과 6살 딸을 키우는 어느 집에 저녁 5시쯤 엄마 친구가 놀러 왔다. 아이들이 거실에서 뛰어다녀서 귀찮아진 엄마가 아이들에게 방에 가서 게임을 좀 하며 놀라고 말했다고 한다. 이 말을 들은 좌뇌형 아들은 "엄마, 6시 전에는 게임 하면 안 된다고 했잖아요"라고 반응했고, 6살 우뇌형 딸은 "응, 엄마. 무슨 말인지 알았어~ 오빠, 빨리 따라 들어와" 하면서 방으로 들어간다고 한다.

좌뇌형 8살 아들은 논리적으로 엄마가 과거에 했던 얘기에 집착하지만, 6살 우뇌형 딸은 엄마가 말하는 의도에 공감한 것이다. 이렇듯 주변에 보면 좌뇌형들은 수학을 잘하고 논리적이지만 사회성과 공감 능력이 다소 떨어지고, 우뇌형 인간들은 수학을 못 하는 '수포자(수학 포기자)'가 많고 학교 성적은 다소 떨어지지만 사회성과 공감 능력이 뛰어나고 반짝반짝한 창의성과 상상력이 뛰어난 것으로 보인다.

그동안 근무하면서 동료 경찰들에게서도 그런 경험들을 많이 해봤다. 어떤 직원은 학교 때 수학을 잘해서인지 좋은 대학을 나왔고 두뇌도 비상하여 업무 능력이 뛰어나지만, 동료들이나 민원인들과는 원만하지 못했다. 반면 어떤 직원은 학교 때 수학을 잘 못 했는지 좋은 대학은 안 나왔으나 업무 처리나 주변 동료 및 민원인들에게 아주 매끄럽고 세련되게 대했다. 특히 정보과나 경무과 등 사람들과 소통하는 부서에서 그런 재주꾼들을 많이 봤다.

경찰은 머리가 우수하기도 해야 하지만 주민들과 소통하고 현장에서 공감하는 능력이 먼저 요구되는 자질이 아닌가 싶다. 그래서 경찰 조직의 입직 및 승진 시 요구하는 평가 요소도 단순히 학습 능력만 볼 것이 아니라 그와 같은 다양한 능력이나 자질을 평가할 수 있다면 좀 더 주민 친화적이고 따뜻한 경찰로 거듭날 수 있지 않을까 생각해 본다.

경찰관의 자존심 - 짭새라구요?

영화나 드라마에서 경찰관 지칭 비속어로 사용하는 '짭새'라는 은어는 대한민국에 살아가는 국민이면 누구에게나 익숙한 용어가 되었다. 그런데 그렇게 불리면 왠지 부패하고 무능하며 피하고 싶은 대상인 듯한 뉘앙스가 담겨 있어 경찰관으로 근무하는 사람으로서는 듣기 불편하다.

그런데 그 어원을 찾아보니 과거에 사진사를 찍새라 부르고, 군대에서 이발병을 깍새라 부르며 구두닦이를 딱새라고 부르는 등 '~새'라는 어미로 비하적 속칭을 만드는 게 유행이던 시절에 범죄자를 잡는 사람이라는 의미로 잡새라고 하던 것이 짭새로 불리게 되었다고 한다.

원래는 경찰 공무원을 비롯하여 판사, 검사 등의 법 집행 관련 공무원을 싸잡아서 부정적으로 부르던 것이었는데, 과거 독재 및 쿠데타를 거치면서 부정부패와 시민 학대가 만연했던 시대에 국민과 직접 마주치는 경찰관들이 주 타깃이 되면서 경찰관을 주로 짭새라 부르게 되었다고 한다.

무엇이든 이미지라는 것이 한번 고정되면 바꾸기가 쉽지 않다. 부패하고 무능하면서도 시민에게 피해를 입히는 이미지를 부각시키기 위해서 그동안 써오던 짭새라는 비속어를 영화나 드라마 등에서 계속 쓰고 있는 것 같다.

그동안 경찰은 친근하고 다정한 이미지를 만들기 위해 다양한 노력을 해왔다. 포돌이 마스코트가 그 대표적인 예가 될 것이다. 그러나 아직도 경찰과 관련해서는 부정적인 이미지를 즐겨 사용하는 것 같다.

국민에게 새로운 이미지, 새로운 별명이 자리 잡기 위해서는 어떤 덕목이 필요할까? 국민이 일상생활에서 억울한 일을 당했거나 진정으로 도움이 필요할 때 믿고 의지할 수 있는 듬직한 명품 경찰 이미지로 거듭나길 기원한다.

인간 존엄을 실천하는 경찰 - 어떻게 근무할 것인가?

우리는 흔히 인간은 존엄하다고 말한다. 법원의 판결문에도 인간의 존엄을 해치는 범죄에 대해 엄벌해야 한다고 하고, 우리나라 헌법을 포함해 각종 법조문에도 인간의 존엄성에 대한 표현은 수도 없이 많다. 그러나 인간이 존엄한 이유에 대한 설명은 마땅히 없었던 것 같다.

과거 사법고시 2차 시험 국민윤리 문제에 "인간이 존엄한 이유를 약술하시오"라고 출제된 적이 있다. 이 문제에 대해 많은 수험생이 헌법상 평등의 원칙과 행복 추구권을 인용하고, 무죄 추정의 원칙이니 형사소송법 상 체포 구속 제도 등을 장황하게 써냈다. 하지만 문제가 원하는 답은, 왜 인간이 그렇게 보호받아야 하는지 인간 존엄성의 근본적인 이유를 써내라는 것이었다고 한다.

그리고 정답은 이런 거였다. 인간이 존엄한 이유는 인간은 동물과 달리 스스로 자신의 과거를 되돌아볼 줄 아는 '반추의 능력', 그리고 스스로 잘못을 시정할 줄 아는 '자기 시정의 능력' 즉 자정 능력이 있어서 존엄하다는 것이다.

인간은 내버려 둬도 스스로 되돌아보고 스스로 잘못을 고칠 줄 아는 엄청난 존재이기 때문에 각자가 함부로 타인을 통제하거나 그 자율권을 침해하면 안 된다는 말이다.

그래서 살인을 저지른 죄에 대해 존엄한 인간의 생명을 해쳤기 때문에 엄벌하는 것이고, 살인 등 큰 죄를 저지르고도 스스로 죄를 뉘우치고 반성할 줄 모르는 죄인을 두고 인간이라면 당연히 스스로 반성할 줄 알아야 하는데 그렇지 않는다고 하여 스스로 인간이기를 포기한 자이므로 우리 사회에서 영원히 격리할 필요가 있어 사형에 처한다는 등의 판결을 한다는 것이다.

이처럼 인간은 다른 동물과 달리 스스로 존엄한 존재라는 사실을 전제로 할 때, 우리 경찰관들은 어떤 마음가짐으로 시민을 대하고 업무 수행을 해야 할 것인가? 나는 크게 세 가지를 강조하고 싶다.

첫째, 형사적인 사안에 대해 개입을 하더라도 당사자의 판단과 의견을 최대한 존중해 주는 노력이 우선되어야 할 것이다. 그러기 위해서는 국민의 민원 사항이나 현장에서 곤란을 겪고 있는 문제점에 대해 적극적으로 관심을 가지고 당사자들의 얘기를 경청해줘야 한다고 생각한다. 도움의 손길이 필요해 경찰관을 찾았을 때 피해자가 내 가족이라는 심정으로 그들의 얘기를 진심 어린 관심을 가지고 들어주자는 것이다.

둘째는 당사자인 가해자와 피해자의 입장을 이해하려는 적극적인 노력이 필요하다고 생각한다. 양측 당사자들의 입장을 편견 없이 그리고 사심 없이 있는 그대로 들어보고 진심으로 사건 당사자 입장에 서보는 노력이야말로 인간 존중의 기본이라 생각한다.

마지막으로 사건 현장 처리나 업무 판단 시 책임감과 소명의식을 가지고 엄정한 법 집행을 하자는 것이다. 경찰관이 처리하는 업무 중 국익 침해나 공익 침해 사범 외에는 대부분 직접 피해를 본 당사자가 있다. 그러므로 사건 처리 시의 판단과 결정은 당사자들에게는 큰 파장을 미친다. 매 순간 업무 처리 시 책임감과 소명의식을 가지고 엄정하게 법 집행을 하는 태도가 인간 존엄성 존중의 기본이라 생각한다.

경찰관도 인간인지라 업무에 지치고 민원에 시달리다 보면 매 순간 최선을 다하기가 쉽지 않을 것이다. 그러나 절박한 상황에서 경찰의 도움을 청하는 국민의 말을 가족처럼 잘 들어주고 상황을 설명해 주며 필요하면 당사자 간의 갈등에 엄정하게 법 집행을 해주는 믿음직스러운 경찰상을 그려본다.

마석도 형사는 어디에? - 경찰의 소통과 개인 역량

영화 '범죄도시' 시리즈를 보면 마석도 형사는 범죄자를 상대로 통쾌하게 정의를 실현하고, 조폭이나 범죄자들을 상대로 시원하게 주먹도 날리고 「진실의 방」을 운영하는 등 영웅적인 행동을 화려하게 펼친다.

그러나 경찰관으로 몇 년만 근무해보면 영화와 현실은 너무나 다르다는 것을 알 수 있다. 실제 일선 현장에선 도저히 있을 수 없는 일들이 영화 속에서는 사실인 것처럼 묘사되고 있는 것이다. 실제 현실에서는 아무리 능력이 출중한 형사라도 개인이 펼칠 수 있는 행동반경이 그리 넓지 않다. 더욱이 반장, 계장, 과장, 그리고 서장으로 이어지는 결재 라인을 결코 무시할 수 없고, 어떤 사안이든 윗선의 결재 없이는 어떤 결정도, 현장 조치도 이루어질 수 없는 것이 경찰 조직의 현실이다.

더욱이 일반 국민이 이해 못 할 경찰 분위기 중 하나가 간부, 비간부 분류이다. 통상 경찰서장 결재는 계장급들이 들어가 받는데, 계장이 없으면 반장급이 대신하기도 한다. 그러나 일반 경찰관은 서장실에 보고서를 가지고 들어가지 않는 것이 불문율처럼 되어있다.

마석도 형사처럼 임의대로 사건 수사 결정을 하고, 범인 체포를 위해 현장에서 주먹을 휘두르거나, 서장실에 들어가서 개인적으로 보고하는 것 등은 경찰 현장에서는 일어날 수 없는 생경한 일들이다.

극적 재미를 위해서라지만 가끔 경찰 관련 영화를 보다 보면 현실과 동떨어진 모습들을 너무 많이 보게 돼 불편할 때가 있다. 특히 주인공이 현장에서 독자적으로 결정하고 윗선 보고도 없이 좌충우돌하는 것을 보면서 저건 너무 아니다 싶을 때가 많다. 어찌 보면 영화니까 그냥 재미로 보면 되는데 이럴 때는 아는 것이 병인 셈이다.

경찰 만능주의 - 경찰은 신이 아닙니다!

흔히들 경찰을 민중의 지팡이라고 부른다. 아마도 시민들이 힘들 때 지팡이처럼 의지할 수 있는 든든한 버팀목이 되어달라는 의미일 것이다. 그런데 이런 경찰에 대해 우리 사회는 묘한 이중 잣대를 가지고 있는 듯하다. 어려울 때는 경찰에 든든한 도움을 요청하면서도 정작 경찰이 조금이라도 힘이 있는 것 같으면 강한 거부감을 드러내는 것이다.

물론 그 이면에는 과거 일제 강점기부터 이어진 일련의 경찰 선배들의 부정적인 이미지가 한몫했을 것이다. 하지만 지금처럼 민주화되고 외부적인 통제와 내부적인 자정 능력이 막강해졌는데도 과거의 부정적인 거부감은 크게 변하지 않고 있는 것 같다. 정작 시민들이 위험에 처하면 힘 있고 강력한 경찰의 도움을 절실히 원하면서도 말이다.

그리고 언젠가부터 우리 사회에는 경찰이 범죄 예방을 넘어 시민들의 모든 애로사항을 해결해 줘야 하고, 사회문제 해결과 공공안전 유지 등 전방위적 역할을 해야 한다는 사고방식이 깔린 듯하다. 최근 일련의 사고에서 보듯 큰 변고가 생기면 최우선적으로 "경찰은 도대체 뭐 했나?"고 질타한다.

그렇게 경찰의 책임을 묻는 다양한 비판들의 저변에는 경찰이 앞날의 상황을 충분히 예측하고 완벽하게 대비해 일체의 사고가 없도록 방지했어야 한다는 생각이 깔려 있다. 일상생활에서 누군가 해줄 수 없는 일들은 모두 경찰이 해내야 한다는 식의 경찰 만능주의 사고가 팽배해 있는 셈이다.

실제로 경찰에 긴급한 도움을 청하는 112 신고의 내용은 다양하다. 부부싸움이나 자녀와의 다툼 등 각종 가족 간 갈등과 길거리에서의 사소한 다툼은 물론 이웃집 개가 짖는다, 집의 현관문이 안 열린다, 위층 남자가 이상하게 쳐다보고 지나갔다, 택시가 안 잡힌다 등등.

과거 파출소에 우산을 비치해뒀다가 갑자기 비가 내리면 시민들에게 우산 빌려주기 운동을 한 적도 있었고, 시민들의 자동차 바퀴가 펑크 났을 때 해결해주도록 펑크 수리 장비를 순찰차에 싣고 다니게 한 적도 있었다.

그러다 보니 지극히 개인적인 영역이나 경찰의 전문성을 벗어나는 영역까지 경찰의 역할을 요구해 과연 경찰이 어디까지 개입해야 하고 책임져야 하는지 구분이 어렵고, 경찰의 부담이 커지게 된다.

세계 선진국 중에서 우리나라처럼 밤길을 마음 편하게 다닐 수 있는 나라는 극히 드물다는 얘기를 들으면 경찰관의 한 사람으로서 어깨가 으쓱해진다. 그러나 세계 최고 수준의 치안 역량을 요구하면서 그만큼의 제도적, 예산적 뒷받침이 안 되는 현실에서 경찰의 사기는 높을 수 없다.

나는 개인적으로 경찰관을 일반 행정 부처 공무원의 직급과 비교하면서 경사는 몇 급이니 경감은 몇 급이니 하는 비교에 강한 거부감을 갖고 있다. 경찰 생활을 해보니 일반 행정 부처에 비해 경찰이 맡은 법적 책임이나 심적 부담은 차이가 많았다.

일반 행정 부처의 4급에 비해 같은 4급으로 분류되는 경찰서장의 업무적 부담은 엄청나다. 관내에서 발생하는 모든 일에 책임을 져야 하고, 밤낮 구분 없이 유사시 최단 시간 내에 현장에서 지휘할 수 있어야 한다. 휴가 때 외에는 1년 내내 관내에서 멀리 가도 안 되고 술에 취해 있어도 안 되고 전화기에서 떨어져 있어도 안 된다. 다른 직급에서도 정도의 차이는 있지만 마찬가지다.

요즘 재난 상황실을 자치단체에 설치하여 운영하고 있는데, 관내에 크고 작은 상황이 벌어지면 경찰은 보고하느라 무전이 들끓고 난리가 나지만, 정작 주무 부서인 자치단체에 연락해보면 무전기도 안 켜놓고 전화도 잘 안 받는 경우가 있다고 한다. 이 얘기는 타 부처를 비판하고자 함은 결코 아니다. 똑같은 대우를 받으면서 경찰관들의 책임부담이 너무 크다는 얘기를 하고 싶은 것이다.

가끔 상황실에서 당직을 서보면 일선 경찰관들의 하루하루는 그야말로 전쟁이다. 대한민국의 일반 행정부처 공무원들의 일상과는 너무 다른 것이다. 경찰은 단순한 공무원이 아니라 시민의 안위를 지키는 최후의 보루이자 사회간접자본(SOC)이라고 생각한다. 경찰에 대한 획기적인 인식 변화와 제도적 뒷받침이 시급하다고 본다.

녹색어머니 회원들의 봉사에 감사드립니다

나는 경찰관 생활 중 최근 10년간 교통부서에 근무했다. 특히 교통안전과 관련해서 경찰서 교통과장도 2년간 했었고 최근 8년간은 경기북부경찰청 관할 내 13개 경찰서 교통 안전을 실무적으로 총괄하는 도경 교통안전계장으로 근무하면서 교통사고 예방을 위해 노심초사하며 지냈었다.

교통경찰은 무엇보다 교통 사망 사고 예방에 최우선적으로 관심을 갖는다. 교통사고로부터 개개인의 고귀한 생명을 지키기 위해 다양한 노력을 하고 있는데 교통 사망 사고 예방을 위한 일선 경찰관들의 노력은 일일이 소개할 수는 없지만 실로 눈물겹다.

특히 어린이 교통 사망 사고가 나면 업무적 부담이 엄청나다. 언론이 대서특필하고 경찰 내부적으로 각종 예방 대책을 보고해야 하는 등 곤욕을 치른다. 그리고 사고 현장에서 유족들의 폐부를 찌르는 통곡 소리에 심한 죄책감을 느끼게 된다. 아울러 자식을 키우는 부모의 입장에서 나도 눈물이 자꾸 나와 제복을 입은 경찰관으로서 난감했던 기억들이 있다.

그래서 어린이 교통사고 예방을 위해 다양한 노력을 했다. 여러 시설 개선은 물론 음주운전 단속 등 각종 단속 활동, 교통 안전 캠페인 등 다양하다. 그런데 어린이 교통 안전과 관련해 빼놓을 수 없이 고마운 분들이 바로 각 초등학교 앞에서 활동하는 녹색어머니 회원들이다.

전국 경찰서마다 녹색어머니회와 모범운전자회가 구성돼 전국 조직으로 활동한다. 두 단체 모두 교통사고 예방을 위해 헌신적으로 봉사 활동을 하는데, 모범운전자회는 교통 소통에, 그리고 녹색어머니회는 학교 앞 교통사고 예방에 좀 더 치중한다.

지난 10년간 경기 북부 지역의 교통 안전 활동에서 김제현 모범운전자회 회장님, 그리고 녹색어머니회원들의 노고에 많은 감동을 받았다.

녹색어머니회원들은 직장과 가정에서 1인 3역을 하면서도 틈틈이 시간을 내서 참다운 봉사활동을 실천해줬다. 일일이 거명할 순 없지만 경기북부지역 연합회장을 지내신 양주의 권오순 회장님 등 회원님들의 헌신적인 노력과 봉사활동 덕분에 귀하고 귀한 어린 생명들을 안전하게 지킬 수 있었음에 감사한 마음 그지없다.

보육원 아이들 - 품어주고 싶었습니다

　내가 22경찰경호대에 근무하던 시절 매 분기에 한 번씩 보육원에 봉사활동을 가는 프로그램이 있었다. 우리는 경기도 양주에 있는 OO보육원을 정해 놓고 다녔다. 봉사활동을 가보니 말이 봉사활동이지, 보육원의 요청대로 오전에 건물 주변 청소를 좀 해주고 주변에서 점심 식사 뒤 바람을 쐬다 사무실로 복귀하는 정도의 가벼운 활동이었다.

　그러나 과거 이현세의 만화 '까치'에 대한 기억 때문인지 보육원에 대한 연민과 호기심을 가지고 있었던 나로서는 보육원 아이들을 만나보고 싶었다. 그런데 봉사활동을 가보면 오전 시간에는 아이들은 학교에 갔고 아이들 생활 지도를 하는 젊은 여선생님만 3~4명이 머무르고 있었다.

　나는 아이들을 만나보겠다고 우겨서 드디어 아이들을 만났다. 과자도 사 가고 아이들과 놀아줄 수 있는 놀이도 준비해가서 오전에는 청소를 해주고 근처에서 점심을 먹고 기다렸다가 학교에서 돌아온 아이들을 만나 함께 게임도 하고 과자를 나눠 먹으며 놀아주었다. 아이들은 무척 좋아했고 사람이 그리웠는지 우리 직원들에게 안기기도 하고 목말을 타기도 하면서 스킨십도 많이 하고 어리광도 많이 부렸다.

　그렇게 분기마다 보육원을 다녔는데, 그곳에서 아이들의 생활과 진로에 대한 여러 가지 얘기를 듣던 중 가장 큰 문제점은 학교에 가도 보육원 아이들끼리만 어울릴 뿐 부모가 있는 일반 아이들과는 일체 어울릴 기회가 없다는 전언이었다. 또한 보육원 출신들은 군대도 안 가기 때문에 부모가 있는 아이들과 친구를 맺거나 어울릴 기회가 거의 없다는 얘기를 들었다. 그 얘기를 들으니 참으로 가슴이 아팠다.

이 사실을 알고 나서 많은 고민을 했다. 이들은 고등학생 때까지만 보육원에서 지내고 그 후론 보육원을 떠나 혼자 힘으로 살아가야 한다. 그러니 대부분 보육원 출신 선배들을 찾아가 그들의 삶을 답습하기 마련이었다. 나는 그 부분이 참으로 마음 아파서 보육원의 젊은 여선생님 한 분과 의논을 했다. 그곳 보육원 출신 중 좋은 대학을 다니거나 공부 쪽에 재능이 있는 아이 한 명을 추천해주면 내가 사무실에 건의해서 도움을 주고 싶다고 제안했다.

그 아이가 공무원이든 경찰이든 선생님이든 제도권 내의 안정적인 직장을 구할 때까지 우리 사무실 100여 명의 직원이 십시일반으로 모아서 장학금도 지원하고 1:1 멘토 역할도 하며 도와주고 싶었다. 당시 우리는 1004운동이라고 해서 봉급의 1.004%씩을 모아 사무실 인근 동네의 가난한 사람을 동사무소에서 추천받아 돕고 있었기 때문이다.

그래서 1명이 안정적인 직장을 구하는 데 성공하면 그 아이를 롤모델로 하여 다른 1명을 또 지원해서 그들이 우리 사회에서 당당하게 공무원이든 선생님으로 살아가게 해줌으로써 그들에게도 그런 선배가 롤모델이 되는 선순환 구조를 만들어주고 싶었다. 그 여선생님은 선뜻 내 얘기에 동의해주었고 다른 선생님들과 의논해서 적임자가 선발되는 대로 연락을 주겠다고 했다.

그러나 한참을 기다려도 연락이 없어 그 여선생님에게 전화를 걸었더니 머뭇거리면서 의논 결과 적임자가 없다고만 했다. 나는 반복해서 설득하고 부탁도 해봤으나 결국 포기했다. 아마도 보육원 내부적으로 부정적인 입장이 정리된 듯했다.

나는 왜 그런 건지 원인을 생각해봤는데 아마도 보육원생들이 경찰이 되고 공무원이 되고 하면 원장님이 그동안 임의대로 보육원을 운영해온 것에 대해 문제의식을 갖는 등 변수가 생길까 봐 소극적이지 않나 하고 개인적인 추측을 해봤다. 참으로 가슴 아프고 아쉬운 기억으로 남아있다.

평창올림픽 - 김영철 북측 대표를 위한 피 말리는 에스코트

지금은 대부분의 국민들 기억에서 잊혀가는 얘기지만 2018년 평창올림픽에 북측 대표로 김영철과 김여정이 참석했던 사실은 여야를 떠나 우리나라 남북관계 발전 과정에서 큰 사건이었음은 틀림없을 것이다.

이제는 남북 간의 관계가 대치 상황으로 되돌아갔지만, 평창올림픽을 계기로 남북 간 정상회담이 열리는 등 한동안 대화 분위기가 무르익었었는데, 그때 김영철과 김여정 일행의 평창올림픽 참석이 한몫 했던 것은 분명한 것 같다.

그런데 김영철 북측 대표가 평창올림픽에 참석하기 위해 기차를 타고 도라산역으로 내려와 통일대교를 거쳐 서울 워커힐호텔 숙소로 이동하려 할 때 나는 김영철을 태운 차량의 에스코트와 교통관리를 책임지는 도경 교통안전계장이었다. 당시 야당인 자유한국당(현 국민의힘) 의원들은 통일대교를 점거해 김영철의 서울 방문을 원천봉쇄하려고 했다.

김영철이 도라산역에 도착하기 전날부터 자유한국당 소속 50여 명이 통일대교 다리를 점거하고 있었다. 경찰 기동대는 통일대교 점거 사태에 대해 마땅한 대책이 없어 고민하고 있었고, 김영철을 도라산역부터 서울까지 에스코트하는 책임을 맡은 나로서도 어느 길로 김영철을 에스코트할지 고민에 빠졌었다.

통상 주요 인사 에스코트는 경찰 사이카 7대와 순찰차 2대로 하고 도경 교통안전계장이 에스코트 현장 관리책임을 맡는다. 어느 길로 어떻게 교통 관리 및 에스코트를 할 것인지는 그때그때 교통 상황을 감안해 자체적으로 판단해 수행하는 것이지 경찰청이나 그 누구도 구체적인 지침을 주지 않는다. 그래서 통일대교가 점거되어 있던 당시 어떻게 할지에 대해 도경 이명훈 과장님과 나는 고민하느라 퇴근을 못 하고 밤을 새우며 대책 마련에 골몰했다.

김영철 도착 전날 밤에는 12시 넘어서까지 사무실에서 고민했다. 통일대교 이용은 사실상 불가능하니 도라산역에서 헬기로 이동하는 방안, 기차로 운천역까지 오는 방안, 아니면 전진교로 우회하는 방안 등 다양한 방안이 논의되다가 최종적으로 전진교로 우회하는 방안이 결정됐다.

그런데 전진교로 우회한 다음부터가 문제였다. 전진교를 나와 당초 계획대로 당동IC를 거쳐 자유로로 이동하면 자유로에서 누군가에게 차단당하리라는 생각이 들었다. 국회의원 50명이 밤을 새워 통일대교를 막고 있는데 김영철이 통일대교를 우회해 자유로를 달린다면 야당 의원 보좌관이든 야당 지지자 누군가에 의해 자유로에서 차단될 것으로 예상되었다.

자유로 당동IC에서 서울시와 경계인 가양대교까지 약 50km의 거리가 된다. 그런데 김영철이 자유로를 달리고 있다는 사실이 보도되고 중계 차량이 김영철 차량을 뒤쫓기 시작하면 실시간으로 차량 행렬이 노출될 것이었다. 그러면 호송 차량 행렬을 차단하기는 그리 어려운 일이 아니다. 누군가 서울로 향하는 자유로 상 도로 중간에 차량

2~3대를 멈춰 세우면 김영철 호송 차량 앞뒤로 수 km의 차량이 정차될 것이고, 김영철은 그사이에 끼어 동물원 원숭이 꼴이 되리란 확신이 들었다.

나는 밤새 고민하다 새벽 5시경에 서흥록 경찰 사이카 팀장의 건의에 따라 자유로와는 정반대인 구리포천고속도로를 이용하기로 하고 새벽에 답사를 했다.

그리고 무전 암호도 우리가 통과하는 지점이 어딘지 아무도 모르게 중간중간 경유지를 숫자로 암호화하고, 지나는 지점도 암호화해서 현장 CP에 나가 있던 김기출 청장님과 교통과장님, 나 이렇게 세 명만 공유했다.

평소에 주요 인사 에스코트를 할 때는 이동로 주요 지점에 교통경찰을 수십 명 배치한다. 에스코트 및 교통관리를 총괄하는 내가 무전으로 이동지점을 무전으로 전파하고 사전에 교통신호를 개방하도록 무전전파를 하며 이동한다. 그래서 전 경찰관이 무전을 듣기 때문에 우리 위치가 기자나 일반인들에게도 누설될 우려가 있다. 하지만 정상적인 무전 암호를 임의대로 바꾸고 교통경찰도 배치하지 않은 채 내 뜻대로 이동 동선을 변경해서 에스코트를 강행했던 것이다. 만약에 무슨 일이 생기면 내가 전적으로 책임을 뒤집어써야 하는 모험이어서 나로서는 대단히 위험한 시도가 아닐 수 없었다.

당일 아침 7시경 나는 사이카 9대(예비 2대 포함)를 전진교 남단 비닐하우스에 숨겨두고 순찰차 1대만 타고 도라산역으로 갔다. 이미 잘 아는 국정원 홍 과장이 와서 기다리고 있었다. 7시 30분경 드디어 김영철이 도라산역에 도착했고, 홍 과장은 나에게 어느 길로 갈 것이냐고 물었다. 나는 간단히 내 생각을 얘기하며 구리포천고속도로를 타는 것이 좋겠다고 설명했더니 잠시 누군가와 통화하더니 동의했다.

나 역시 과장님에게 전화해 함께 있는 청장님 승인을 받아달라고 했다. 청장님은 "괜찮겠냐"고 걱정했지만 나는 "대안이 없어 보인다. 최선을 다하겠다"고만 했다. 청장님의 승인이 났고 드디어 출발했다.

나로서는 정말 손에 땀이 나는 긴장되는 순간이었다. 원래 에스코트를 하면 수십 명의 교통경찰을 도로 교차로에 배치하여 교통신호를 녹색으로 조작해 무정차 통과를 하는데, 일체 비밀에 부쳐 보안을 유지하다 보니 우리가 가는 길에는 일체 교통경찰이 배치가 되어 있지 않았다. 사거리에서 교통신호 개방을 해줄 수 없으니 빨간불에 신호 위반을 하며 직진해야 하는 상황이었다.

대신 사이카 경찰 2명을 먼저 보내 사거리 진행 방향 신호가 빨간불이면 사이카 2명이 좌우에 서서 경적을 울리며 좌·우측에서 오는 차량을 급하게 정차시키고 직진하는 우리 행렬이 진행할 수 있게 하는 비상 운행이었다(응급 시 사용하는 방법).

이런 식의 교통관리 및 에스코트를 평소에 안 해본 바는 아니지만 김영철이라는 특수인에 대한 에스코트인 데다, 당초 계획을 무시하고 전적으로 나의 주장에 따라 진행되는 방식이어서 만약 사고라도 나면 내가 전적으로 책임을 떠안아야 하는 대단히 부담스러운 일이었다.

논스톱으로 파주에서 양주, 의정부를 거쳐 구리포천 고속도로로 진입했다. 사거리를 지날 때 빨간불에 70~80km의 속도로 통과했고 약 50km 거리를 논스톱 진행하면서 그야말로 긴장의 연속이었다. 드디어 워커힐호텔 약 4km를 앞두고 서울청에 인계하면서 그때서야 구체적인 위치를 무전에 오픈했다. 그때 나와 함께했던 직원들은 정말 엄청난 부담에서 벗어나는 순간이었다.

그 임무를 무사히 마치고 근처 식당에서 점심을 먹고 있는데, 집사람에게서 전화가 왔다. TV에서 계속 김영철 관련 뉴스가 나오고 김영철이 어디에 있는지 구체적으로 보도가 안 되고 있는 상황이라 걱정이 되어서 전화했다는 것이다.

김영철에 대한 평가와 여야의 입장을 떠나 김영철을 안전하게 에스코트해야만 했던 경찰관으로서 그때의 일은 정말 책임감 하나로 이틀간 퇴근도 못 하고 사무실에서 쪽잠을 자면서 큰 부담을 떠안으며 만들어낸 결과였다.

그때 함께했던 사이카 요원들과의 일화는 두고두고 잊지 못할 기억이다. 과연 책임 완수와 나 자신의 안위와의 관계 속에서 나는 어느 위치에서 어떤 결정을 하는 것이 공무원으로서 주어진 소명에 충실한 것인지에 대해 많은 생각을 해본 좋은 경험이었다.

경찰 승진시험 - 다 맞힌 거 같은데 확인해보면 틀리는

경찰 승진은 정기승진과 특별승진이 있다. 특별승진은 특별한 공적이 있는 경우에 수시로 이루어진다. 정기승진은 1년에 한 번 있는데, 절반은 근무성적 등을 기준으로 승진심사위원회 심사를 통해 뽑고, 나머지 절반은 근무성적을 일부 반영하되 시험으로 뽑는다. 그런데 시험은 계급별로 다르지만 경찰관의 업무와 관련된 경찰 실무와 행정법, 형법, 형사소송법 등의 과목으로 본다.

문제 출제는 현장에서 근무하던 경찰관들이 출제 위원으로 들어가서 1주일간 특정 장소에 갇혀서 한다. 경찰 실무 책은 실무적으로 알아야 할 내용들을 정리한 내용이다 보니 학문적인 체계나 깊이가 있기보다는 단순 암기를 필요로 하는 현장 기록이나 데이터 등의 내용이 많다.

보통 한 권의 책에서 문제 출제를 하면 그 책에서 다루는 핵심적이고 중요한 내용을 출제하는 게 상식적이다. 그러나 경찰 승진 실무과목에서는 다소 지엽적이고 의미 없는 각주에 있는 내용이나 보충 자료의 수치를 살짝 바꾸는 식의 문제도 많아, 다른 시험 준비하듯이 중요한 내용 위주로 공부를 하다 보면 뻔히 공부했고 아는 내용이라도 틀리는 경향이 있었다.

시험이라는 것은 상대평가를 해야 하고, 그래서 부득이 틀리라고 내는 문제가 있을 수 있지만, 접근 방식이 무엇을 꼭 알아야 하고 무엇이 중요한지를 기준으로 출제하지 않고 책 내용 중 중요성과 관계 없이 책의 내용을 묻는 식의 평면적인 출제라면 대응이 쉽지 않다.

이 얘기는 나만의 생각이 아니라 몇 사람에게서 들은 것들이 있다. 지금은 변호사를 하는 경찰대 출신 모 변호사가 경감 시험에 몇 번 낙방하다가 사시 공부에 매진하여 고시에 합격하고 경찰을 떠나며 고시 합격기에 "사시보다 경감 승진 시험이 더 어렵더라"고 적었다고 한다. 그리고 과거 나와 함께 근무했던 모 경감은 수능 만점의 실력으로 경찰대를 졸업하고 수년간 사시 공부를 했던 이력이 있으나 결국 경감 시험에 수차례 실패하다가 마음을 비우고 십수 년 만에 근속으로 경감 진급을 했다. 그리고 지금 나와 같은 경찰서에서 지구대장을 하고 있는 경찰대 출신 이 모 경정도 과거 행시 1차에 합격했을 정도로 실력 있는 친구인데 경감 시험에 두 번, 경정 시험에 2번 낙방했노라며 승진 시험의 고충을 얘기했다.

그러나 주변에는 순경에서 경정까지 시험을 거의 실패하지 않았다고 자랑하는 직원들이 가끔 있다. 그들이 학습 능력도 뛰어나고 성실하게 열심히 한 결과이겠지만 나름대로 경장, 경사, 경위 시험을 보면서 승진 시험에 대한 노하우를 일찍 터득한 결과가 아닌가 생각된다.

통상 시험 문제 출제는 핵심적이고 중요한 내용을 낸다. 그래서 공부할 때도 꼭 알아야 할 논점 위주로 공부하고, 중요하지 않은 각주나 사소한 수치 비교 등은 무시하곤 한다. 그러나 승진 시험 문제는 내용의 중요성뿐만 아니라 각주나 사소한 수치 비교 같은 문제도 출제되다 보니 전체적인 내용 위주의 공부에 익숙한 사람들은 낭패를 보기 쉬운 것 같다.

경찰 승진 시험의 특성을 일찍 터득하고 코드를 그쪽으로 맞춰 공부해야 했는데 고시 공부 방식의 객관식 공부에 치중했던 사람들은 오히려 그런 측면에서 시행착오를 한 것이 아닌가 싶다. 여기서는 굳이 승진 시험 출제의 문제점을 논하자는 것은 아니고 일찌감치 포인트에 맞춰 공부하지 못한 공부 습성의 문제점을 얘기하고 싶은 것이다.

더욱이 시험 승진에는 당시의 보직(시간 여유가 있는 자리인지 여부)과 근무 성적, 그리고 승진 인원이 많은 때인지 등의 변수도 무시할 수 없었다. 나는 결과적으로 오랜 나의 고시 공부 습관 때문에 승진 시험 준비에서도 많은 혼선을 겪지 않았나 싶다. 나뿐만 아니라 선-후배들 중 고시 공부를 오래 한 경력의 소유자들은 대체로 승진에서 잘 안 풀리는 경향을 보이곤 했다.

더구나 경찰에 들어올 때 형법과 형사소송법 기본서도 한번 보지 않고 다급하게 문제집만 달달 외워서 운 좋게 경찰이 되었던 나는 승진 시험 준비에서도 두고두고 애를 먹었다.

심근경색과 기사회생

2010년경 광주경찰청 청장님으로 재직하던 분이 돌연사하는 일이 발생했다. 고된 일에 스트레스가 원인인 것 같다고 짐작들은 하지만, 원인을 모른 채 그분은 혼자 지내던 관사에서 밤사이 돌아가신 것이다.

이 일이 있은 후 본청에서 전국의 40대 이상 경찰관 중 희망자는 경찰병원에서 심장 건강 관련 무료 특진을 받으라고 해서 나도 1박 2일짜리 다양한 심장 검진을 받았고, 의사는 심장도 건강하고 전반적으로 건강하다고 했다.

그 당시 나는 승진을 위해 짬짬이 책을 보고 있었는데 내가 근무하던 22경호대의 근무 특성상 지방 출장이 많았다. 또한 이명박 정부 당시 승진시험에 임박해 G20 등 큰 행사들이 많았는데 경호실은 승진 공부 자체를 용납하지 않았다. 시험에 임박하면서 경쟁자들은 시험공부에 전력투구하는데 하필 그때 많고 많았던 경호 현장을 다니느라 책보기가 어려웠다.

그럼에도 불구하고 나름 최선을 다했으나 승진 시험에 실패했다. 당시 안정적인 내근 근무면서 교대 근무로 시간 확보가 용이했던 101단이나 202에 근무하는 후배들은 시험에 합격하여 승진하였다. 이유를 불문하고 명색이 고시 1차를 네 번이나 합격했다는 놈이 시험에서 후배들에게도 밀렸다는 생각에 자존심이 무척 상했고 엄청난 스트레스를 받았다.

시험 낙방이 1월 초였는데 2011년 3월 11일 토요일 아침 7시경 집 화장실에서 쓰러졌다. 화장실에 앉아 있는데 갑자기 기분이 묘하면서 가슴이 답답했다. 너무 가슴이 답답하고 힘들어 옷을 추스르고 일어서며 집사람을 부르다가 그만 그대로 앞으로 고꾸라졌다.

마침 나의 부름에 집사람이 화장실 문을 열고 들어오는 순간 내가 앞으로 고꾸라졌는데, 아내가 나를 일으켜 세우고 내가 몸을 움직이고 하면서 잠시 정신이 들었다. 당시 집사람은 주방에서 일하고 있었는데 만약 그때 나를 잠시 쉬어보라고 방에 눕혀놨다면 아마 나는 침대 위에서 급성 심근경색으로 죽었을 것이다.

다행히 바로 119를 불러 근처 동국대병원으로 갔는데, 가면서 이미 가슴이 심하게 답답했고 땀을 비 오듯 흘렸다. 불과 10분여 만에 응급실에 도착했고, 응급실 침대에 누워 심전도 패치를 붙이자마자 바로 '삐~' 소리와 함께 심장이 멎었다고 한다. 의사들이 소리를 지르고 난리를 치며 응급처치를 하였고 일시적으로 회복되자 여의사가 집사람을 찾았다고 한다.

그 여의사는 급히 허벅지 동맥을 통해 심장 검사를 해야 하는데 지금 환자 상태가 안 좋기 때문에 검사 중 사망할 수도 있고, 회복되어도 정상인으로 살아갈 확률은 높지 않다는 무시무시한 얘기를 하면서 검사 동의서에 서명을 받아갔다고 한다. 서명 뒤 집사람은 정신이 나가 거의 미친 사람처럼 "어떻게 해야 돼요? 어떻게 해요?"를 반복했고, 나중에 보니 양 손바닥에 피멍이 들 정도로 손바닥을 치면서 울먹였다고 한다.

다행히 검사 결과 심장에는 이상이 없었고, 검사 후 병원에 이틀간 입원 뒤 퇴원했다. 지금까지 수도 없이 검사를 했으나 특이사항은 없다고 한다. 의사는 내가 쓰러진 원인을 찾지 못하고 극심한 스트레스가 원인일 수 있다고만 했다.

지금 생각해봐도 아찔하다. 그날 곧바로 119를 부르지 않았거나 병원이 좀 멀었어도 잘못되었거나 지금 정상적으로 살고 있지 못할 것이다. 그렇게 승진 실패 스트레스는 나를 죽음의 문턱까지 내몰았고, 그런 승진 악몽은 그 뒤에도 계속되었다.

승진자 명단이 바뀌었다 - 정말 해도 너무 했습니다

내 인생에 중요한 고비가 여러 번 있었지만 그중 잊지 못할 일이 또 한 번 있었으니 2012년 1월에 있었던 경정 승진과 관련해서다. 결과적으로 그때 예정대로 승진했다면 사정이 복잡해지지 않아서 총경 승진을 위해 최근 몇 년간 겪은 죽을 고생을 면할 수 있었을 것 같다. 2012년 승진 실패는 참으로 아쉽고 원망스러운 일이 아닐 수 없다.

2011년 3월 11일 쓰러진 뒤 의사의 권유에 따라 경정 승진 시험 공부를 포기하고 심사 승진에 매달렸다. 그때 쓰러지지만 않았다면 이미 2년 정도 공부해놓은 것이 있기에 2012년 시험 승진에 합격할 수 있었겠지만, 죽음의 문턱까지 밟았던 나로서는 의사의 말을 듣지 않을 수 없어 시험 공부를 포기했다.

2012년 초 심사 승진을 위해 나름 1년 동안 열심히 노력한 결과 승진에 확신이 들었다. 여러 경로로부터도 '승진할 것'이라는 시그널이 왔다. 특히 승진 발표 하루 전날 유력 인사로부터 전화를 받았다. 승진 결정권자한테서 승진 확답을 받았다는 것이다. 승진을 확신한 나는 발표 당일 정장을 차려입고 사무실에서 대기했다. 승진 발표가 나면 바로 승진 인사를 가야 하기 때문이었다. 승진될 거라는 연락을 받은 터라 굳게 믿고 기다렸다.

통상 심사 승진은 밤새 심사위원회가 준비해 아침에 청장에게 보고한 뒤 오전 10시 전후해서 발표된다. 그날은 아침 9시경부터 아무리 기다려도 발표가 없었다. 결국 승진 발표는 오후 2시경에 있었는데 내 이름이 없었다. 참으로 황당한 일이었다. 분명히 될 거라는 연락까지 받았는데 이름이 없는 것이었다. 그날만 오후에 발표된 것도 이상했다.

의문의 수수께끼는 그로부터 사흘 뒤 풀렸다. 종로서 정보계장으로 근무하던 박OO 경감을 우연히 사무실 앞에서 만났는데, 당시 나와 경쟁 관계에 있던 101단의 백OO 경감을 승진시키기 위해 오전에 명단에 있던 사람을 빼고 그 사람을 집어넣느라고 발표가 늦어졌다는 것이다. 당시 101단과 22에서 1명의 승진 인원이 배정되었으니 그분을 위해 1명을 뺏다면 그 사람이 바로 나인 것이다.

당시 VIP(대통령)가 코엑스에서 행사를 하고 있어서 오찬 후 귀청할 때까지 인사를 중단시켰던 것이고, VIP를 모시고 행사를 하던 그 아저씨(참 많은 사람이 이 사람 때문에 힘들어했다. 당시 내 승진 인사에 강력한 영향력을 행사할 수 있는 위치에 있었던 사람)가 백OO 경감을 포함시키기 위해 발표를 중단시켰다는 후문이었다. 백OO 경감은 그 아저씨와 동향인 데다 수십 년 전부터 함께 근무도 했던 각별한 사이라는 것이었다.

그 얘기를 듣고 뒤늦게 꿰어맞춰 보니 그제야 내가 승진이 안 된 이유가 명쾌하게 이해가 되었다. 백OO 경정은 그동안 한 번도 연락이 없다가 그로부터 2년 뒤 나의 승진 발표가 난 뒤 개인적으로 전화를 해왔다. 그러고는 "축하해요. 어허 참, 박주찬 씨가 승진하니 내 10년 묵은 체증이 다 내려간다. 허어~ 참내" 하면서 축하해줬다. 다시 한번 확신할 수 있었다.

그분은 나이가 나보다 훨씬 많고 정년이 5~6년 정도밖에 남지 않아 총경 승진까지 기대할 상황이 아니었기에 그다음에 승진해도 크게 문제가 되지 않는 상황이었다. 그러나 총경 승진을 바라봐야 하는 나로서는 한 해가 급한 상황이었는데 그해 나를 제치고 그것도 명단에 있는 나를 빼내고 승진을 했다는 확신을 나는 갖고 있다.

 그로부터 2년 후인 2014년도에 나는 확실한 상위권으로 승진했지만 하필 그해는 평소보다 많은 인원이 함께 승진해 같은 2014년 배명(拜命)으로 동일한 취급을 받게 되었다. 결국 작년에 총경 승진 대상층만 훨씬 두터워져 나는 많은 애를 먹었고 결국 승진을 못하고 나이 때문에 밀려나는 서글픈 현실에 직면하게 되었다. 아저씨, 저는 죽을 때까지 아저씨를 못 잊을 것 같습니다.

총경 승진 위한 고군분투 - 잔인한 운명이지만 받아들일 수밖에

나는 2024년 초 총경 승진 마지막 기회를 놓쳤고 이제 퇴직을 앞두고 있다. 누군들 승진 욕심이 없겠는가만은 나에게 총경 승진은 여러 의미가 있어 꼭 통과하고 싶었다. 내가 양보할 수 있는 마지막 보루였던 것 같다.

나는 집안 형편상 순리대로 하면 직업훈련원 졸업 정도의 공부를 하는 것이 적절했다고 할 수 있다. 그러나 내 힘으로 가난을 극복해 보고자 많은 노력을 했다. 어렵게 대학을 갔고 그 험난한 고시 공부의 길을 걸었다. 내 능력과 노력으로 할 수 있는 일이라면 어떤 고난을 겪더라도 극복하고 싶었다.

그러나 현실의 결과는 내 노력에 비해 차이가 많았다. 물고기 몇 마리 잡는 데 간단한 낚싯대 한두 개가 있으면 될 것을 낚싯대가 없다 보니 온갖 고생을 해가며 저수지 물을 다 퍼내고도 겨우 물고기 몇 마리만 잡은 기분이다.

그동안 도경에서 교통안전계장이라는 막중한 부담과 책임을 진 자리를 8년씩이나 유지하며 총경 승진을 위해 고군분투했다. 30명이나 되는 직원들과 잘 지내기 위해 많은 노력을 했다. 홀벌이 빠듯한 살림에 수시로 직원들과 식사하려고 노력했고 화이트데이 때면 집사람은 안 사줘도 사무실 여직원 5~6명에게는 꼭 사탕을 사다 주곤 했다.

나의 경제적 능력에는 한계가 있어 주변 지인들에게 신세도 많이 졌다. 지인들이 안부 전화를 걸어오면 버릇처럼 "우리 직원들 밥 한 번 사주라. 고기 한 번 사주라" 하는 말을 수도 없이 했다. 보통 도경 계장은 10명 이하의 직원들과 일하는데 유독 나에게만 많은 직원이 있어 부담이 컸으나 8년간 내 운명으로 받아들이면서 그들과 섭섭지 않게 지내려고 노력했다.

주변 많은 사람과 함께 근무했던 직원들이 좋은 덕담을 해줬다. 그동안 고생한 것으로 보나, 능력으로 보나, 실적으로 보나, 나이로 보나, 무조건 승진 0순위라고 말해주곤 했다. 그래서 힘들어도 참으며 나름 최선을 다했다.

내가 대학 2학년 때 영어 회화를 가르치셨던 은사님이 계신다. 현재 내가 알고 지내는 분 중에는 가장 영향력이 있는 분이다. 나는 총경 승진을 고민하면서 지푸라기라도 잡아야 하는 상황이다 보니 그분을 자주 떠올렸다. 그러나 총경 승진은 내 힘으로 하고 내가 서장을 할 때 초청 강사로 모셔서 직원들을 깜짝 놀라게 해주고 싶었다. 그 꿈은 아쉬움으로 남는다

실제로 총경 승진을 위해 많은 노력을 한 결과 두 번은 확실한 사전 연락이 왔었다. 심지어 발표 며칠 전 확실히 승진을 확약받았다며 축하주를 마시자고도 했다. 그러나 승진에는 실패했다. 총경 승진에는 변수가 많다. 전국에서 1년에 약 100여 명이 총경 승진을 하는데 본청장이 결정한다지만 실은 외풍을 많이 탄다. 지방청 별로 인원이 할당되고 지방청장이 추천한다지만 최종 결정권자는 솔직히 승진 대상자의 얼굴도 이름도 모른다. 그러니 다들 발버둥을 치는 것이다. 그 사정을 알 만한 사람은 다 안다.

어찌 되었든 나는 실패했다. 그런데 이상한 소문이 들렸다. 그래서 실제로 그랬는지 확인해보기 위해 나름 취재를 해봤다. 아뿔싸, 그런데 그게 사실인 것 같다. 나처럼 꼭 승진이 되어야 할 사람들이 나와 같은 이유로 승진에서 모두 탈락되었다는 것이다.

그들 중 몇 명은 나보다 더 힘든 후유증을 앓고 있었다. 경찰대 출신인 그들은 계급정년 때문에 나이 정년보다 일찍 퇴직해야 한다. 승진이 보장된다는 고된 직책을 수행하다 보니 집에도 자주 못 들어갔고 건강도 안 좋아졌으며 업무 처리 과정에서 고소를 당해 퇴직 후까지 형사·민사상 소송을 떠안아야 하는 경우도 있었다. 나와 단둘이 술잔을 기울이며 눈물을 보였다. 요즘 불면증에 시달린다며 억울함을 넘어 분노를 터트렸다.

승진 인사란 조직 사기의 기본 축이다. 신상필벌이 되지 않는 조직은 건강할 수 없다. 최근까지 왜 그렇게 순리에 역행되는 일들이 벌어졌는지 납득할 수가 없다. 역대 이렇게까지 한 적은 한 번도 없었다. 치안감 인사도 아니고 총경 인사를 그렇게 한다는 것은 천인공노할 일이라고 생각한다. 사실 이와 같은 내용을 취재해서 책으로 내보라는 권유도 받았었다. 그래서 한동안 취재를 했었고 팩트를 확인했지만 집사람도 반대했고 나 역시 조심스러웠다. 특정 지역 출신이라는 이유만으로 승진에서 아예 배제한다는 것은 도저히 받아들일 수도 없고 용서할 수 없는 횡포라고 생각한다. 너무도 억울한 사람이 많은 것 같다. 참으로 개탄스럽고 안타까운 일이다.

아빠의 경험 | 백운도사 왈 "60살이 넘어야 잘 풀린다"

과거 2011년경 광화문 통인동에서 백운도사라는 분에게 사주풀이를 받은 적이 있다. 그분이 유명하고 사주풀이를 잘한다는 소문을 듣고 예약을 해서 찾아갔다. 나는 고시 공부하던 젊은 시절부터 사주풀이를 많이 해봤었는데 이번에는 진급이 예상대로 안 되니 답답한 마음에 또 찾아갔던 것이다.

그분은 70대 후반 정도로 보였고 맹인이었다. 사주를 묻더니 손가락으로 갑자를 짚어나가며 사주풀이를 하였고 내 얼굴과 손을 만져봐도 되겠냐고 묻더니 이리저리 만져보고 나서 내 사주를 풀어주었다.

그분의 설명 요지는 내가 과거 여러 곳에서 수차례 들은 사주풀이와 대체로 비슷했다. "초년, 중년 운이 없고 부모, 형제 복이 없다. 그러나 처 복과 자식 복이 있고 말년은 좋다. 평생 먹고사는 데 문제는 없다. 큰 재복은 없고 명예를 먹고 사는 직업이 좋고, 뭐든지 되긴 되는데 어렵게 된다." 이것이 그분의 내 사주풀이 요지였다.

좀 다른 게 있다면 "지금 많이 힘들고 억울하고 할 텐데 너무 속 끓이지 마라. 시기가 되면 다 이루어진다. 그리고 60살이 넘으면 그때부터는 일이 잘 풀린다. 그동안 고생한 거 그때 이자까지 받는다고 생각해라." 얼핏 기분 좋은 얘기 같지만 당장 그해에 진급해야 하는 내 입장에선 답답한 얘기였다. 당시 진급을 위해 누구보다 노력하고 있었기 때문이다.

그 후로 14년이 흘렀다. 그분 얘기가 맞은 것도 있고 일부 틀린 것도 있다. 그로부터 3년 후 진급은 했으나 참으로 재수가 없게 내가 진급되던 해, 그해는 무조건 되는 여건이었는데 하필 그해 진급자 수가 대폭 늘어나 다음 계급인 총경 진급에 크게 불리하게 작용했고 결국 총경 승진은 못 했다.

그동안 힘들 때마다 사주풀이를 많이 봤고 운명이 있는 것 같다는 생각을 많이 하며 살아왔다. 그런데 지나고 보니 그동안 내가 살아온 롤러코스터와도 같은 삶과 사주풀이에서 들은 얘기들은 대체로 맞아떨어지고 있다.

살면서 겪은 너무나 감사한 일들 - 하느님 감사합니다

무전여행 1 - 제주도 바다에서 죽을 뻔했던 이야기

　　1985년 겨울방학이 시작될 무렵 난 군에 입대하기 위해 휴학계를 냈고 같은 동아리 멤버 정경진, 추진호와 셋이 의기투합하여 무전여행 계획을 세웠다. 무전여행이란 돈 없이 현지에서 경비를 조달하며 여행을 다니는 것으로, 그때도 벌써 이미 앞 세대들이 했던 낡은 버전이라 결행은 쉽지 않았다.

　　당시 팝송과 칸초네까지 기타를 치며 노래하는 모습이 일품이던 故 추진호가 기차역이나 배 안에서 노래를 하고 나면 나머지 둘이서 목에 '무전여행 중'이라는 팻말을 걸고 조그만 상자에 모금을 받아 숙식을 해결하자는 무모하고 치기 어린 무전여행을 계획했다.

　　여행 출발을 위해 경진이와 둘이 익산에 살던 진호를 찾아갔는데 독자였던 진호의 할머니는 혹한의 한겨울에 제주도까지 무전여행을 간다는 것에 반대하셨다. 진호가 빠지자 흔들리던 경진이를 설득해 겁도 없이 목포행 기차를 탔고 크리스마스 캐럴이 울려 퍼지는 12월 24일 오후 4시경 목포역에 내려 무전여행을 시작했는데 당장 그날 저녁밥이 문제였다.

　　진호가 왔다면 목포역 앞에서 기타 치고 노래하는 방법이라도 시도할 텐데 별다른 재주가 없는 둘이서 한겨울 낯선 도시를 헤매다가 문득 길거리에서 쌓여 팔리고 있는 귤이 눈에 들어왔다.

어려서부터 장사를 많이 해본 내 머릿속에 아이디어 한 개가 떠올랐다. 우선 둘이 주머니를 뒤져 300원 남짓한 돈으로 100원에 3개 하던 귤을 샀다. 그걸 조그만 종이 박스에 담아 레스토랑과 카페를 돌며 연인들을 대상으로 팔았다. "무전여행 중입니다. 3개 100원짜리인데 1개 100원에 사 주시면 그 돈으로 끼니를 해결하려고 합니다." 솔직한 영업 전략이 주효해서인지 약 2시간 만에 얼추 2만 원 정도를 벌었다.

당시는 페리호가 없던 시절이라 제주행 도라지 호가 편도 6천 원 정도여서 뱃삯을 제하고 약 8천 원으로 소주까지 곁들여 요기하고 음악다방에서 하룻밤을 잔 뒤 다음 날 아침 의기양양하게 제주행 배를 탔다.

그런데 평온하게 항해하던 배가 오후에 추자도 해협을 지나면서 돌풍을 만났다. 약 200명이 탄 3층짜리 배가 기울 때는 3층 둥근 창문까지 물이 출렁거렸다. 처음에는 겁에 질린 우리를 위로하던 제주도 사람들이 나중에는 더 걱정했고, 절대 갑판으로 나오지 말라는 방송이 계속됐다. 승무원끼리 연락하는 건지 '땡땡땡땡~' 종 치는 소리가 긴박하게 이어졌다.

나는 너무 상황이 궁금하여 몰래 갑판 위로 올라갔다. 그런데 거기서 집채만 한 파도를 봤다. 바다 위에서 7~8m의 건물이 무너지고 있는 듯했다. 난생처음 보는 엄청난 파도에 죽음의 공포가 느껴졌다. 배가 뒤집히면 구명조끼를 입어도 아무런 소용이 없겠다는 생각만 들었다.

배는 심하게 기울고 흔들리며 공포감을 주더니 어찌어찌하여 제주도 근처에서 추자도로 회항해 하룻밤을 묵었다. 어차피 무전여행 중인 우리는 저녁밥도 주고 재워주니 더 좋았다. 저녁을 먹고 선장님과 몇몇 사람들이 가진 술자리에 끼었다. 선장님은 12년 만에 3번째 회항이고 무척 위험한 상황이었으며 회항해서 250만 원 정도 손해를 본다는 얘기를 했다.

그 술자리가 끝나고 자리로 돌아오려는데 동석했던 누나 한 분이 무전여행 한다는 것을 신기해하며 술을 한잔 사주겠다고 했다. 배 안 매점에서 술을 사서 마셨는데 마시다 보니 과음을 했다. 한양대 대학원에 다니는데 대학생 남동생과 자취를 하고 있고 신정을 쇠러 집에 가는 중이라고 했다.

그날 나로서는 참으로 신기한 경험을 했다. 죽음의 공포에 떨다 살아난 안도감 탓인지 내일이면 안 볼 낯선 사람이라는 편안함 때문인지 서로가 너무나 솔직해질 수 있었다. 술자리도 길었고 살아온 얘기, 가정사, 장래 희망, 심지어 실연 스토리며 본인의 콤플렉스까지 거리낌 없이 주고받았다.

그러면서 내가 누군가에게 나를 있는 그대로 오픈하면 상대방과 쉽게 친해질 수 있다는 사실, 그리고 세상에는 선한 사람들이 많다는 생각을 구체적으로 해봤다. 또한 나 자신을 있는 그대로 드러낼 줄 아는 대담함을 배우는 계기가 되었다. 그리고 세상을 좀 더 긍정적이고 낙관적으로 보는 마음을 가지게 되었던 것 같다.

무전여행 2 - 새우잡이 어선에 끌려가기 일보직전에

 군대를 가기 전 1985년 6월경, 전년 연말 제주도 무전여행 경험을 살려 다시 한번 무전여행에 나섰다. 강원도 거진에서 출발하여 동해안을 따라 부산까지 7번 국도를 종주할 계획이었다. 중학교 동창인 상복이와 의기투합하여 강릉, 속초를 지나 묵호까지 차를 얻어타기도 하고 걷기도 하며 갔는데 문제는 묵호(현재 동해)에서 생겼다.

 묵호 어시장에서 고깃배가 생선들을 하역하는 것을 구경하고 있는데 40대쯤으로 보이는 아저씨가 여행 중이냐며 접근했다. 무전여행 중이라고 했더니 어느 학교 다니냐는 등 몇 가지를 묻더니 자신의 동생이 경희대를 다니는데 동생 생각이 난다면서 은어 튀김에 소주를 한잔하자고 제안했다. 우리는 선뜻 동의했고 그 사람을 따라 방파제로 가서 술을 마셨다.

 그 사람은 한쪽 다리를 심하게 절었는데 본인이 동생과 함께 보육원에서 자랐고, 동생이 경희대 의대를 다닌다면서 동생 얘기와 자신의 어린 시절 얘기를 하면서 우리에게 은어 튀김과 소주를 권했다. 우리는 마냥 감사한 마음에 주는 대로 받아 마셨다. 그 사람은 종이 봉투에 은어 튀김도 비교적 많이 가져왔고 4홉짜리 소주도 2병을 가져왔다(대낮인데…).

 그 남자 본인은 거의 마시지 않으면서 우리에게 술을 많이 권했다. 우리는 순식간에 4홉 소주 1병 남짓씩을 마셨다. 낮술이라 금방 취했는데 그 사람은 자기 집에 가서 맛있는 매운탕에 한잔 더하자며 자꾸 술을 권했다.

나보다 술이 약했던 상복이는 이미 많이 취했고 무조건 콜이었다. 나 역시 취기가 있었지만 자꾸 이상하다는 생각이 들었다. 그분 얘기가 앞뒤가 안 맞기도 했지만 우리에게 필요 이상으로 친절하며 무리하게 술을 권했고 얘기 중간에 우리에게 "배를 타고 고기를 잡아보지 않겠냐"고 했던 얘기가 께름칙했다.

1985년도 당시에는 남자는 새우잡이 어선에 강제로 끌려가고, 여자는 인신매매범에게 잡혀간다는 소문이 무성하던 시기였다. 새우잡이 어선에 끌려가면 바다 한가운데 무동력 뗏목에 쇠사슬로 발을 묶어놓고 새우와 물고기를 잡게 하는데 간간이 배를 타고 와 밥만 던져주고 일을 제대로 안 하면 몽둥이로 때린다는 소문이었다. 그러다 죽으면 바다에 버려 증거를 없애버린다는 얘기들이 괴담처럼 떠돌던 시기였다.

그 사람이 자기 집으로 가자고 하도 강권하여 따라나서면서 상복이한테 귀엣말로 주의를 주었다. "이상하니 만약 조짐이 이상하면 도망가자"며 "정신 차리라"고 했다. 그 사람을 따라 묵호항 바로 앞 동네 경사진 길을 200~300m 걸어가서 어느 집에 도착했는데 이상하게 집 담이 높았고 철 대문이었다. 그 사람이 문을 두드리며 안쪽을 향해 문 열라고 소리쳤는데 순간적으로 이 사람이 급하게 서두른다는 느낌과 누군가 여러 명을 불러내는 것 같다는 느낌이 들었다.

나는 더는 안 되겠다는 생각에 그 사람에게 그냥 가겠다고 말하며 돌아섰다. 그랬더니 급하게 우리를 붙잡았다. 그 순간 그 사람을 밀치면서 둘이 냅다 뛰었다. 그랬더니 그 사람이 대문 안쪽을 향해 소리를 질렀다. "야 이놈들 도망간다. 야 이 새끼들아 빨리 안 나오고 뭐 해." 이 소리를 듣는 순간 확신이 들었다. 아, 내가 말로만 듣던 새우잡이 어선에 끌려갈 뻔했구나.

무월광 작전 - 군에서 스스로 장애인 될 뻔하다니

　군에서 소총 중대 작전서기병은 중대 살림 중 정보, 작전, 정훈, 교육 4가지를 맡아서 한다. 교육 관련 일이 많다 보니 통상 교육계로 불린다. 교육계로 근무하면서 평소에는 교육 준비, 훈련 나가면 훈련 준비, 그리고 작전 및 정훈 교육에 해당하는 것 등이 모두 내 업무 관할이니 중대 행정의 50% 이상을 도맡아 하게 되었다. 나는 이등병으로 소대에서 근무하다가 행정병으로 지목을 받아 행정병으로 교육계 임무를 수행했다.

　교육계는 교육을 안 받는 등 한가할 때도 있지만 바쁠 때는 신발도 못 닦아 신고 바지에는 아예 주름이 없고 항상 피곤에 찌들어 지냈다. 특히 연대에서 검열이라도 예정되어 있으면 모든 교육 일정표에 맞추어 교안과 교육 일지 심지어 중대원들의 개인 평가 성적까지 모두 뒤늦게 가짜로 만들어놔야 하니 며칠씩 밤을 새우곤 했다.

　그런데 문제는 나만 그렇게 바쁠 뿐 다른 5명(서무계, 병기계, 보급병, 통신, 전령)은 일과만 끝나면 행정반에서 퇴근하여 소대 생활관에서 TV나 보면서 논다는 점이었다. 일과가 끝나면 다른 행정병들은 특별히 할 일이 없으나 나는 혼자 행정반에 남아 밤을 새우며 일을 해야 하는 경우가 많았다. 그런데 일이 많으면 각 소대에서 일 잘하는 사역병을 불러다 같이 일을 하기 때문에 동료 행정병이 나를 도와줄 필요도 없었다.

소대에서 도와주러 온 여러 명을 데리고 검열 준비 등 일을 하다 보면 일이 바빠 밥도 제때 못 먹을 때도 있었는데 다른 행정병들은 가끔 들러 고생한다며 라면을 끓여줬다. 어차피 일할 사람이 없는 것도 아니고 전체적인 일 진행은 내가 해야 하는 상황인지라 나만 이리 뛰고 저리 뛰고 할 뿐, 다른 행정병들이 딱히 도와주기도 어려웠다.

그러다 보니 6명의 행정병 중 나 혼자만 고생하는 게 원망스럽기도 하고 억울하여 스트레스가 엄청 많았다. 그래서 어떻게 하면 자연스럽게 이 굴레에서 벗어날 수 있을까를 자주 고민했다.

어떤 부대에서는 중대 교육계가 우울증에 걸려 자살한 경우도 있었다. 그러나 내 자존심에 그럴 수는 없었다. 그렇게 지쳐가던 나는 너무 고달픈 현실을 피하고자 스스로 자해를 할 생각에까지 이르렀다. 나중에라도 아무 문제가 되지 않도록 자연스럽게 다칠 계획을 짰다.

우선 운동을 하다가 자연스럽게 다치기 위해 축구를 할 때면 내 다리야 부러져라 하는 심정으로 사정없이 부딪히곤 했지만 그때마다 내 다리는 멀쩡하고 상대방이 들것에 실려 나가곤 했다. 그렇게 시간이 흐르자 정상적인 방법으로는 다치기가 어렵다고 판단되어 비상수단을 쓰기로 마음먹었다.

당시 내가 근무하던 부대는 전곡 왕림리에 있었는데 연병장을 사이에 두고 9, 10, 11, 12 네 개 중대가 있었다. 연병장을 빙 둘러서 1m 높이의 시멘트 방벽 사이로 배수로가 있어서 중대에서 대대본부로 가려면 배수로를 건너는 나무 사다리를 건너야 했다. 나무 사다리가 1.5m 정도 길이라 이 다리를 건너다 넘어지면 직각 콘크리트 방벽에 부딪혀 다칠 위험이 있었다.

그래서 달이 없는 밤, 즉 무월광인 그믐날쯤 갑자기 대대본부에서 호출하면 급하게 언덕 위 높은 곳에 있는 대대본부에 뛰어갔다 오며 나무 사다리에서 넘어지는 시나리오를 짰다. 그리고 여러 차례 현장에서 모의 연습을 하면서 넘어지고 다치는 시뮬레이션을 해봤다.

드디어 결행하기로 한 날 오후 그 장소에서 마지막으로 계획 점검을 했다. 담배를 한 대 피우며 "그래 이제 끝이다. 나는 몇 달간 병원에 입원한다. 나는 그동안 고생을 할 만큼 했으니 이만 떠난다. 이제 다른 친구가 와서 좀 해라"고 마음속으로 되뇌었다. 이제 끝이라며 담배 한 대를 더 태우고 마음 정리를 하려 했다.

담배에 불을 붙여 한 모금 깊이 빨고는 길게 숨을 내쉬는데 그때 문득 한 가지 생각이 뇌리를 스쳤다. "아니, 만약에 제대하고 앞으로 살아가다 또 이런 일이 생기면 그때는 어떡하지?" "그때도 이렇게 피해 가야 하나?" 이런 생각이 들면서 정신이 퍼뜩 들었다.

그 자리에서 한참을 이런저런 생각을 더 하게 되었다. 무엇이 문제인가 생각해봤더니 사실 별문제는 없었다. 조만간 사단 검열이 있지만 준비는 거의 다 해놨고, 나는 상병이니까 일상생활도 어렵지 않고 특별히 문제 될 것은 없었다. 다만 그동안 중대 행정병 6명 중 내 업무가 유독 많아 힘들다 보니 일종의 우울감이 컸고 현실에서 벗어나고픈 마음이 강했던 것이다.

나는 그 순간 마음을 고쳐먹었다. 어떤 문제든 하는 데까지 해본 뒤 그래도 안 되면 그때 피하기로 했다. 그랬더니 그 뒤로는 크게 힘들지도 않았고 크게 힘든 문제가 생기지도 않았다. 나중에 자세히 알게 된 일이지만 만약 그때 계획했던 대로 결행을 했다면 정강이뼈가 분쇄골절이 되어 평생 장애인으로 살 뻔했다. 지금 생각해보면 정말 아찔했던 순간이다.

그 뒤로 힘든 일을 겪을 때면 그때 일이 생각나곤 했다. 그때의 그 기억과 각성이 그동안 어려움들을 극복하고 스스로 중심을 잡고 살아가는 데 큰 교훈과 지침이 되었던 것 같다. 아무리 힘들고 어려운 일도 하나씩 풀어가다 보면 언젠가 반드시 해결책이 나온다는 믿음의 단초가 되어준 소중한 경험이다.

무의도 사건 - 가두리양식장에 갇혀 물은 차오르는데

    일산에서 가까운 바닷가로 인천 무의도에 하나개해수욕장이 있다. 1시간 남짓 되는 가까운 거리이고 바닷바람을 쐬기 좋아 우리 식구는 무의도를 자주 찾았다. 2015년경 여름에도 고등학교 친구 다섯이 부부동반으로 무의도에 놀러 갔다.

    오랜만에 바닷바람도 쐬고 회를 사고 삼겹살도 구워서 기분 좋게 술도 한잔하고 이런저런 얘기로 회포도 풀고 즐거운 시간을 가졌다. 그러다 술이 얼큰해지자 남자들끼리 바닷가로 산책을 나갔다. 바닷가 모래사장을 걷던 중 바닷속 먼 곳까지 물이 빠져있었고 무슨 일을 하기 위해선지 경운기가 바다 안쪽으로 수백 미터 지점까지 들어가 불빛을 밝히고 있었다.

    우리 다섯은 별생각 없이 경운기와 불빛이 있는 바다 안쪽으로 걷기 시작했다. 걷다 보니 바닷가 모래사장으로부터 한참을 걸어 들어가 물이 찰랑거리는 곳까지 가게 되었는데, 그곳에는 말로만 듣던 가두리 양식장인지 3m 정도 높이의 나무 기둥이 견고하게 박혀 있었고 그 기둥을 따라 튼튼한 그물이 2.5m가 넘는 높이로 연결되어 있었다.

    그런데 친구 중 하나가 이 그물 안에 고기가 많겠다며 들어가 보자는 말을 했다. 안으로 들어갈 수 있는 바닥의 틈새도 발견했다. 우리는 별생각 없이 그물 안으로 들어가 보니 물고기도 있고 소라, 꽃게 등이 많이 있어 몇 개씩 잡기도 했다. 그런데 그것도 잠시 발등까지 올라와 있던 물이 어느덧 발목까지 차올랐다. 누군가 물이 들어오는 것 같으니 빨리 나가자고 했다.

그런데 그물 안에서 좀 전에 들어왔던 바다의 그 틈새를 찾아낼 수가 없었다. 그물을 타넘기에는 너무 높았고 견고했다. 그물 바다 어딘가로 들어왔는데 그 자리가 어딘지 한참을 찾아 헤맸으나 이미 물이 차서 출구를 찾을 수 없었다. 당황한 우리는 허둥거리며 출구를 찾았으나 쉽지 않은 일이었다. 나는 그 순간 라이터로 그물을 태워 구멍을 만들어볼까 생각도 했지만 그물은 젖어있었고 워낙 튼튼해 안 될 것 같았다. 당황한 우리는 출구를 찾으며 허둥거렸고 물은 이미 정강이까지 차 올라왔다.

순간적으로 공포심이 몰려왔고 직감적으로 빠져나가기 쉽지 않겠다는 생각이 들었다. 아까 들어왔던 바다 틈새가 아니면 나가기 어려울 것 같았고 우리 5명은 필사적으로 바다 틈새를 찾으려 엎드려 바닥을 더듬었다. 이윽고 물은 무릎 밑까지 차올랐다.

이미 물길은 육지 쪽으로 한참 들어와 있으니 우리는 바닷속에 갇힌 형국이었다. 정말 큰일 났다 싶어 필사적으로 바다을 손으로 더듬어 나가던 중 누군가의 "여기다~" 소리가 들려왔다. 아이고 하느님, 우리는 서둘러 그 틈으로 머리부터 몸을 빼내 서둘러 빠져나왔다.

이미 물이 무릎 위까지 차오르고 있었고 더 이상 시간이 지체되었으면 틈새를 찾기가 쉽지 않았을 것이다. 그때 못 나왔다면 우리는 탈출을 시도하느라 진을 빼다가 2~3m 이상 물이 찼을 때쯤 그물 위로 빠져나왔다고 해도 약 500m 이상의 거리를 역으로 들이친다는 삼각 파도를 헤치고 수영으로 빠져나오기는 쉽지 않았을 것이다.

다음 날 아침 식사를 하며 식당 주인에게서 들은 얘기로는 그곳이 좌우에서 삼각파도가 바다 쪽으로 역으로 밀고 들어가는 곳이라 빠져나오기가 쉽지 않은 지역이고 작년에도 그렇고 수시로 그 장소에서 익사 사고가 난다고 했다.

그때 바닥의 틈새를 못 찾았다면 우리 5명은 꼼짝없이 사고를 당했을 것으로 생각된다. 만약 그랬다면 함께 왔던 가족들은 우리가 그곳까지 가서 물에 휩쓸렸을 거란 생각은 꿈에도 못 했을 것이고 나중에 발견되면 도저히 이해할 수 없는 의문사라고 했을 것 같다.

나와 함께 그곳에서 정말 일생일대의 죽을 고비를 함께 넘긴 기홍이와 병윤이 그리고 주호와 상우는 지금도 모임을 함께 하고 있다.

대구 지하철 참사 - 집사람과 5살 딸이 현장에 있었다

    2003년 2월 18일 발생했던 대구 지하철 방화 탓에 승객 192명이 사망하고 21명이 실종되었으며, 151명이 부상한 대형 참사는 많은 국민에게 가슴 아픈 기억으로 남아있겠지만 나에게도 정말 잊지 못할 큰 충격이었다. 집사람과 큰딸아이가 그때 현장에 있었기 때문이다.

    당시 집사람은 5살이던 딸을 데리고 다니며 대구 중앙로역에 있던 내 후배 윤배의 사무실에서 인터넷 홈쇼핑 일을 배우고 있었다. 그리고 사고가 났던 지하철의 바로 앞차(몇 분 앞서간)를 탔었다. 중앙로역에서 내려 지상으로 올라올 때 사고가 난 뒤차가 도착했다. 계단을 올라오면서 이미 소란스러운 비상 사이렌 소리를 들었다고 한다. 그 역이 비교적 큰 역이고 어린 딸아이를 데리고 걷다 보니 지상으로 올라오는 데 시간이 많이 소요되어 사고가 난 지하철이 그 역에 도착할 때쯤 지상으로 걸어 나오고 있었던 것이다.

    그때 나는 202경비대에서 근무했고 집사람은 일을 위해 일시적으로 친정인 대구에 가 있었다. 5살 큰딸과 3살 아들을 데리고 가 대구 방촌동 처 외할머니 집에서 머물렀고 그날 딸만 데리고 중앙로역의 윤배 사무실에 가던 길이었다.

    2교대 근무를 하던 나는 오전 9시쯤 근무 교대를 하고 동료 직원들과 점심을 함께 먹기로 해서 당구장에서 당구를 치고 있었다. 그런데 칠곡에 사는 장모님으로부터 전화가 왔다. 장모님은 애써 차분한 목소리로 집사람이 대구 시내 중앙로역에 간다며 지하철을 탔는데 지하철에서 큰 화재가 발생했고 그 차를 탄 것 같다며 집사람과 통화가 안 된다고 했다.

나는 즉시 뉴스 채널을 돌려보니 대구 중앙로역 화재 사건이 크게 보도되고 있었다. 나 역시 집사람에게 전화해 봤으나 받지 않았다. 바로 처 외할머니한테 전화해보니 시간대로 봐서 사고 차량을 탄 것 같다며 우셨다.

당일 아침에 집사람이 큰애만 데리고 집을 나서자 3살짜리 둘째가 자신도 따라가겠다며 울며 보챘고, 할머니는 둘째도 데려가라며 대문 밖을 나선 집사람을 다시 불러세우는 실랑이를 하느라 출발 시각이 지체돼 그 차를 탄 것 같다고 자책하며 우시는 거였다.

순간적으로 큰일 났다 싶었다. 5살 딸아이를 데리고 있기에 현장 대처가 안 되었을 거라는 생각이 들자 정말 미칠 것만 같았다. 나는 "제발"을 마음속으로 외치며 계속 전화를 걸었고 그렇게 시간이 20여 분이 지났다. 오만 생각이 다 떠오르는데 집사람으로부터 전화가 왔다. 전화벨이 울리는 순간 피가 거꾸로 솟는 기분이었다. 전화를 통해 '지금 사고를 당했는데 빠져나갈 수 없으니 빨리 좀 구해달라'는 하소연을 할 것 같아서, 전화를 받는 순간 심장이 터질 것만 같았다.

그러나 뜻밖에도 의외로 차분한 집사람의 목소리가 들려왔다. 뭐 때문에 전화를 이렇게 많이 했냐는 것이었다. 집사람은 지금 윤배 사무실에 있다고 했고, 큰사고가 난 줄도 모르고 있었다. 나는 "와~" 하는 안도의 한숨과 함께 순간 눈물이 났다. 그야말로 "하느님 감사합니다"가 절로 나왔다.

상황 설명을 들어보니 사고 차량 바로 앞차를 탔다고 했다. 만약 할머니가 시키는 대로 우는 둘째까지 데리고 갔다면 그 차를 놓치고 사고 차를 탔을 것 같다고도 했다. 두 애를 다 데려가도 크게 문제 될 것이 없어서 데려갈까 생각도 했지만 번거로울 것 같아 큰애만 데려갔다고 했다. 아들과 함께 두 명의 아이를 데리고 사고 차를 탔다면 답은 뻔했을 것 같다.

그 뒤 TV에서 대구 지하철 사고 피해 유족들의 사연과 사고 후 유족들 활동 내용을 여러 번 보았다. 그때마다 너무 가슴이 아팠고 눈물이 났다. 나 역시 저 유족들과 함께할 수도 있었다는 생각을 하곤 했다. 지금도 아물지 않았을 그분들의 상처를 새삼 위로해드리고 싶다.

아파트 청약 당첨 - 492 대 1의 大행운

2002년 10월 초 어느 날 점심 식사 뒤 사무실에 돌아오니 '전화가 왔었다'는 메모가 있었다. 목동에서 전화가 왔는데 '아파트를 팔라'고 한다는 것이었다. 나는 당시 서대문 반지하 방에서 셋방살이를 하고 있던 터라 잘못 걸린 전화라고 생각했으나 분명히 내 이름을 대고 나를 찾았다는 말에 무슨 일인가 싶어 메모된 번호로 전화를 걸어봤다.

그랬더니 '아파트 당첨을 축하한다'며 분양권을 팔라는 것이었다. 나로서는 전혀 그 내용을 모르고 있던 터라 집사람에게 전화해봤다. 집사람은 마포 상수동 아파트 청약을 했었고 오전에 당첨 확인을 해 봤더니 안되었다고 했다. 나는 이상하다 싶어 확인해보라고 했다.

잠시 후 집사람한테서 전화가 왔는데 무척 흥분해 있었다. 오전에 확인할 때만 해도 당첨이 안 되었었는데 방금 확인해보니 한강이 잘 보이는 로열층에 당첨됐다는 것이었다. 오전에 확인할 때에는 10시 전이라 "죄송합니다. 다음 기회에 뵙겠습니다"라는 멘트가 자동으로 흘러나와 당첨이 안 된 것으로 알았고 함께 청약했던 동네 친한 동생과 함께 부침개를 해 먹으며 서로 위로하고 있다가 내 전화를 받았다는 것이었다.

집사람은 뛸 듯이 기뻐했다. 나 역시 웬 떡인가 싶어 열심히 청약 당첨에 대해 알아봤다. 그런데 아뿔싸 문제가 생겼다. 2001년 초 집사람 명의의 청약 통장이 창동 북한산 I-PARK에 당첨되어 2천만 원의 프리미엄을 받고 팔았던 적이 있기 때문이었다. 당시 청약 열풍이 너무 심해 정부 법안으로 '한 가정에 두 번 청약 당첨이 안 되도록' 했다는 것이고, 따라서 이번에 내 명의로 신청한 청약은 무효가 될 수도 있다는 것이었다.

에고고, 만약에 그렇다면 큰일이었다. 집사람이 저렇게 좋아하고 한강이 보이는 로열층이라는데 그게 무효가 된다면 작년에 고작 2천만 원을 받고 분양권을 판 것이 후회막급한 일이 되는 상황이었다. 그런데 확인 결과 1가구 두 번 청약 금지는 11월 즉 그다음 달부터 적용이라 우리는 불과 며칠 사이로 해당이 안 되어 무사하게 되었다.

늘 안 풀리던 내 인생에 큰 행운이 아닐 수 없었다. 불과 1년 전에 집사람 명의의 청약 당첨으로 당시 내 형편으로서는 큰돈인 2천만 원을 벌었는데 1년 후 다시 청약에 그것도 좋은 위치에 당첨이 되었으니 큰 행운이었다. 당시 경쟁률이 492 대 1이었고 우리 아파트의 치열했던 청약 경쟁률은 TV에도 소개되었다.

그렇게 우리에겐 평생 한 번도 어렵다는 아파트 청약 당첨이 2년 동안 연거푸 두 번이나 찾아왔고 그걸 기회로 나는 지금 집이라도 한 칸 마련해서 살고 있다.

다선 레스토랑 - 그 인연에 감사합니다

　1997년 6월에 본 고시 2차 시험에 실패한 뒤로는 고시에 미련을 버리고 경찰 생활에 충실하며 나름 보람있게 살기로 했다. 이미 나이가 34살이니 당시 사회 분위기로는 노총각이어서 당장 결혼을 해야 했다. 그해 7월에 수사연수소에서 3개월 조사 교육을 받았고 대구 달서경찰서 수사과로 발령이 났다.

　10월 말경에 대구달서경찰서 수사과 조사계에 발령을 받아 고소, 고발 사건을 조사하는 업무를 시작했다. 다들 힘들다고 기피하는 업무인 데다 이제 새내기 경찰관으로서 생소한 업무를 해야 하는 부담이 있었다. 그러나 무엇보다도 결혼이 급하게 느껴져 같은 사무실의 김영란 경위에게 솔직하게 내 상황을 설명하며 소개팅을 부탁했고 그녀는 도와주겠다며 흔쾌히 승낙했다.

　김 경위는 성격도 좋았고 여경들 사이에서 영향력이 컸다. 우선 대구에 소재한 경북청 여경을 만나보자고 했다. 선뜻 동의했더니 4일 후인 금요일로 약속을 잡았다. 그런데 바로 그다음 날 우리 서 민원실에 근무하는 여경 곽미경 씨가 자기 친구를 추천했다고 만나보자고 했다. 김 경위는 자신이 함께 나가 봐주겠다고까지 제안했다.

　다음날 경찰서 근처 다선 레스토랑에서 김 경위와 민원실 미경 씨, 나 이렇게 셋이 일찍 도착해 입구 쪽을 보고 있는데 내 눈에 웬 참한 여인이 들어왔다. 순간적으로 저 여자는 아닐 거라고 생각했는데 이

쪽으로 계속 걸어오더니 우리 자리로 왔다. 나는 이게 아닌데 싶었다. "아니 이렇게 괜찮은 사람이 나올 리가 없는데…" 싶었다.

그 자리에서 이런저런 얘기를 나누다 둘만 근처 호프집으로 자리를 옮겨 여러 가지 얘기를 했다. 외모만 괜찮은 게 아니라 배려심이 굉장히 강하고 매사에 헌신적인 것 같다는 느낌을 받았다. 그 느낌은 27년을 살아본 지금도 변함이 없다. 맏며느리에게 특히 필요할 법한 포용력과 관대함 그리고 희생정신을 가졌고, 늘 자신을 낮출 것 같은 참으로 좋은 심성이 느껴졌다. 첫 만남이 있은 다음 날 김 경위가 내 소감을 물었다. 마음에 든다고 했더니 본인도 마음에 든다면서도 약속해 놓은 경북청 여경도 비슷하니 만나보고 둘 중 하나를 선택하라고 제안했다. 그러나 나는 이미 만족한다며 경북청 여경과의 약속은 취소해 달라고 했다. 첫날 한눈에 반한 것이었다. 그 여경한테는 미안하지만 지금도 그 결정은 잘했다고 생각한다.

나중에 집사람은 그날 만나자마자 내가 "왜 아직도 결혼 안 했어요?"라고 물었고, 그날 서너 차례나 그 질문을 했다고 회고했다. 그만큼 나로서는 의외였고 그런 여자가 30살(당시만 해도 노처녀)이 되도록 결혼을 안 한 것이 내심 이해가 안 되었었다.

그다음 날부터 매일 만났는데 나는 처음부터 내 상황을 솔직하게 얘기했다. 고달프게 살아온 인생사 하며 나이만 먹었지 직장생활이 막 시작이라 모아 놓은 돈도 없다는 것, 그리고 부모님은 경제적 능력이 없고 형제들의 도움도 받을 처지가 못 된다는 얘기 등을 있는 그대로 솔직하게 털어놓았다.

심지어 데이트하던 중 갑자기 돈이 급해 돈을 빌리기도 하였고, 여자에게 선물해본 경험이 거의 없다 보니 첫 선물로 학교 앞에서 3천 원짜리 머리핀을 사주는 등 찌질한 모습을 많이 보였다. 그랬는데도 나와 인연이 되려고 그랬던지 집사람은 그런 것들이 그리 싫지 않았다고 했다.

나중에 안 사실이지만 집사람은 당시 대구시 마담뚜들이 관심을 가졌던 신붓감으로 그동안 맞선을 100번 넘게 봤다고 했다(처삼촌이 해준 얘기임). 대부분 잘살고 소위 잘나가는 혼처였다는데 이런 자리들을 다 거절하다가 가난뱅이 나한테 시집을 온 것이다.

나는 집사람을 소개받은 지 20여 일 만에 처가에 인사를 갔다. 만난 지 70여 일 만인 1998년 2월 8일 결혼을 하고 지금까지 잘살고 있다. 내 인생에 처복과 자식 복은 있다더니 그렇게 얼떨결에 한 결혼이지만 현재까지 그 인연에 항상 감사하며 살고 있다.

스승의 은혜에 감사드립니다

한평생을 살아가면서 여러 번 고마운 분들을 만난다. 특히 학창 시절 만나는 선생님들의 영향은 지대하다. 그동안 나를 이끌어주신 고마운 스승님들이 몇 분 계신다.

어린 시절 집안에 변변한 책 한 권도 없고, 주변에 삶의 롤모델도 없던 우물 안 개구리 같은 초등학교 3학년 때 김춘애 담임 선생님은 공부에 눈을 뜨게 해주셨다. 학교는 다녀도 공부가 뭔지에 대해선 아무 생각도 없던 나에게 처음으로 학교생활과 선생님께 관심을 갖게 해주셨던 것 같다.

당시 전교에서 2명이 출전하는 담양군 학교 대항 학력경시대회에 나를 보내주셔서 공부에 관심을 갖게 해주셨고, 가정방문을 오셨을 때 어려운 가정환경을 보시고 "너는 이다음에 꼭 잘 될 거야"라고 해주신 격려는 평생 나를 지탱해줬다.

초등학교 6학년 때 이태희 담임 선생님도 정식 중학교를 못 가는 나를 안타까워하시며 일부러 집까지 찾아와 꼭 학교를 보내야 한다며 부모님께 하소연했다. 그 뒤로도 학교에서 나를 별도로 불러 절대 학업을 포기하지 말라고 여러 번 다짐시키고 꼭 안아주시며 용기를 주셨던 기억이 생생하다.

고등학교 3년간 영어를 가르치셨던 권병희 선생님은 여러모로 보살펴 주셨다. 수시로 교무실로 불러 관심을 가져주셨고, 참고서를 못

사는 내 형편을 알고는 출판사에서 선생님들에게 보낸 여러 과목의 판촉용 참고서(비매품으로 '증' 도장이 찍혀있는)를 모아서 주시곤 했다.

담임도 아니시면서 주말이면 남양주 미금읍 이패리 자신의 집으로 몇몇 친구들과 함께 불러 난생처음 먹어보는 음식들을 해주시며 이런저런 격려를 해주셨다. 특히 가난해서 대학을 포기하려는 나에게 장학금 제도를 알려주시며 절대 포기하지 말라고 신신당부하셨다.

대학 2학년 때 교수님도 나에겐 특별한 인연이다. 아직 젊어서 시간강사 신분이었지만 그분은 나에게 신선한 충격을 줬다. 그분을 통해 처음으로 구체적인 꿈을 갖고 영감을 얻었던 것 같다. 요즘 말로 '찐 금수저'라 할 만한 그분은 나에게 많은 자극이 되었다. 개인적으로 여러 번 불러 격려해주셨다. 당시 방황하는 대학 2학년생에게 뭔가 강한 동기부여를 해주고 싶으셨던 것 같다.

돌이켜보면 나도 그분의 부친처럼 고시를 합격해서 멋진 도약을 해보겠다는 꿈의 씨앗이 그때 뿌려진 것 같다. 외국 생활을 많이 한 그분의 경험담과 현재 준비 중인 미래에 대한 얘기를 들으면서 우리 사회에서 앞서가는 사람들의 성실함과 넓은 시야 그리고 자존감 같은 것을 느꼈다.

내가 군에 갈 때는 별도로 불러 밥을 사주면서 '성공한 사람들의 7가지 습관'이라는 책을 사줬다. "군에서 힘들면 언제든지 연락하라"고 하셨지만 나는 그러지 않았다. 군대 다녀온 뒤 반드시 성공해서 선생님 앞에 멋진 모습으로 나타나리라는 다짐을 했던 기억이 아련하게 남아있다.

교육은 인간을 변화시킨다. 특히 보고 듣는 것이 제한적인 사람은 교육이 아니고는 그 환경을 벗어나기가 쉽지 않다. 그래서 그 과정에서 선생님들과의 만남이 큰 변곡점이 될 수 있다. 선생님의 말 한 마디가 자신감을 갖는 단초가 되기도 하고, 스스로를 부정하고 세상을 비관하는 계기가 될 수도 있다.

그동안 살아오면서 내가 만나 뵈었던 위 네 분의 스승들은 나에게 자신감을 갖게 하고, 목표를 설정하는 동기부여를 시켜주었으며, 아직 완성하지는 못했지만 아직도 지치지 않고 계속 꿈을 꾸고 도전하게 하는 원동력이 되었던 것 같다. 앞으로 더욱 노력하여 그분들의 가르침에 꼭 보답하고 싶다. 거듭 스승님들의 깊은 사랑과 은혜에 깊이 고개 숙여 감사드린다.

쉽살재빙(쉽게만 살아가면 재미없어 빙고~)

요즘 인터넷 문화와 소셜 미디어에 익숙한 MZ세대들의 특징 중 하나가 재미있는 신조어를 많이 사용한다는 것이다. 말을 줄여서 하는 것인데, 간결하면서도 그들만의 독특한 정서적 맥락을 공유하는 재치있는 표현들이 많다.

몇 가지를 소개하자면 복세편살(복잡한 세상 편하게 살자), 만반잘부(만나서 반가워 잘 부탁해), 존맛탱(JMT: 아주 맛있음을 강조하는 표현), 화8(화가 나서 팔짝 뛰겠다), 할많하않(할 말은 많지만 하지 않겠다), 솔까말(솔직히 까놓고 말하면) 등이다.

나는 그중 가수 거북이의 노래 가사 '쉽게만 살아가면 재미없어 빙고'를 줄인 '쉽살재빙'이라는 용어를 특히 좋아한다. MZ세대들의 표현적 특성을 잘 보여주는 것 같아서 좋고, 원래 그 노래와 노랫말을 좋아하기도 했다.

이 책 2부에서 내가 그동안 힘들게 살아온 얘기를 아들에게 많이 소개했다. 그렇다면 그렇게 힘들게 살아온 결과 이렇게 성공했다며 마무리를 해야 하는데 나는 아직 이 책에 그런 마무리를 할 수가 없다. 내가 만족할 만한 가시적인 성공을 아직 거두지 못했다고 생각되기 때문이다.

요즘 주변 동기들이나 선배들을 만나 퇴직 후 계획을 물어보면 나보다 진급을 더 했건 못 했건 퇴직 후에는 쉬고 싶고, 편하게 살겠다는 얘기들을 많이 한다. 그러나 나는 퇴직 후 비로소 진짜 내 인생이 기다리고 있다는 생각을 오래전부터 가지고 있었다. 내 인생은 '60살이 넘어야 풀린다'는 얘기를 많이 들으며 살아오다 보니 나도 모르게 세뇌가 된 듯하다.

막연히 뭔가를 하겠다는 것이 아니라 실제로 구체적인 목표를 가지고 열정적으로 해보고 싶다. 내 안에는 아직 그런 에너지가 강하게 응축되어 있는 기분이다. 그런데 그 일은 단순히 돈을 벌기 위한 목적은 아니다. 정말 의미 있고 보람 있는 일을 열심히 즐겁게 해보고 싶은 마음이다.

나는 과거 22살 때 지리산을 혼자 등반한 적이 있다. 3박 4일 일정으로 혼자 텐트와 배낭을 메고 뱀사골을 통해 지리산을 올랐다. 군에 입대하기 전에 나 자신의 마음도 정리해보고 싶었고, 막연하나마 나도 자서전을 써보겠다는 치기 어린 계획을 가지고 갔다.

지리산에서 혼자 텐트를 치고 그동안 살아온 시간들을 되돌아보면서 당시 준비해간 누런 갱지에 30여 장을 썼다. 기억이 시작되는 어린 시절 얘기부터 지금까지 살아온 얘기를 솔직하게 자서전이랍시고 써봤는데 몇 번 읽어보고는 살아온 과정이 너무 초라하게 느껴져 찢어서 노고단 근처 땅에 묻었다.

혼자 술을 한잔하면서 여러 번 찢고 또 찢었다. 너무도 초라하게 살아온 인생을 부정하고 지우기라도 하듯 찢으면서 다짐을 했다. 군에 다녀온 뒤 본격적으로 열심히 살아보겠다는 생각과 먼 훗날 멋지게 성공을 하고 나서 다시 한번 자서전을 쓰겠노라고 다짐을 했다.

그렇게 다짐했고 그동안 나름 열심히 살아왔건만 번번이 실패와 좌절을 했고 그때마다 답답해서 점쟁이를 찾아가면 60살이 넘어야 풀리는 사주이니 기다리라는 얘기를 수도 없이 들어왔다. 그래서 내 마음속에는 늘 건강관리를 잘해야겠다는 생각과 진짜 그런지 두고 보겠다는 생각이 강하게 잠재해 있었던 것 같다.

나는 아직 노안도 오십견도 오지 않았다. 아직은 충치가 없다. 고고당(고혈압, 고지혈, 당뇨)도 없고 갱년기 증세도 못 느낀다. 이런 건강을 주신 부모님께 감사해야 하겠지만, 오랫동안 1주에 2~3번은 뒷산을 다니려고 노력했고 작년에는 시간 여유가 생겨 헬스 PT도 받았다. 나는 평소 집 거실에서 TV나 영화를 볼 때 가만히 앉아 보지 않는다. 항상 발끝치기를 하거나 발바닥 운동을 하면서 본다. 오래된 습관이다. 난 이대로 늙으면 너무 억울해서 늙을 수가 없다는 생각이 강한 편이다. 내 인생은 이제부터가 진짜 시작일 거라는 생각을 부지불식간에 자주 한다.

요즘 나는 MZ세대가 읊조리는 쉽살재빙이라는 신조어를 재삼 곱씹어본다. 그동안 '60살까지 기다려야 한다'는 마음의 짐을 지고 살아온 기분이다. 항상 아직 갈 길이 많이 남았다는 생각을 하며 살아왔다. 나에게 퇴직이라는 단어는 의미가 없다. 앞으로 더욱 열심히 살고 나서 80살쯤 노고단에 올라가 다시 한번 자서전을 써보고 싶다.

그때쯤 진짜로 '쉽게만 살아가면 재미없어 빙고' 노래의 의미를 꼭 한번 되새기고 싶다.

내 등의 짐

내 등에 짐이 없었다면 나는 세상을 바로 살지 못했을 것입니다.
내 등에 있는 짐 때문에 늘 조심하면서 바르고 성실하게 살아왔습니다.
이제 보니 내 등의 짐은 나를 바르게 살도록 한 귀한 선물이었습니다.
내 등에 짐이 없었다면 나는 사랑을 몰랐을 것입니다. 내 등에 있는
짐의 무게로 남의 고통을 느꼈고 이를 통해 사랑과 용서도 알았습니다.
이제 보니 내 등의 짐은 나에게 사랑을 가르쳐준 귀한 선물이었습니다.

내 등에 짐이 없었다면 나는 아직도 미숙하게 살고 있을 것입니다.
내 등에 있는 짐의 무게가 내 삶의 무게가 되어 그것을 감싸 안게 하였습니다.
이제 보니 내 등의 짐은 나를 성숙시킨 귀한 선물이었습니다.

내 등에 짐이 없었다면 나는 겸손과 소박함의 기쁨을 몰랐을 것입니다.
내 등의 짐 때문에 나는 늘 나를 낮추고 소박하게 살아왔습니다.
이제 보니 내 등의 짐은 나에게 기쁨을 준 귀한 선물이었습니다.

물살이 센 냇물을 건널 때는 등에 짐이 있어야 물에 휩쓸리지 않고
화물차가 언덕을 오를 때는 짐을 실어야 헛바퀴가 돌지 않듯이
내 등의 짐이 나를 불의와 안일의 물결에 휩쓸리지 않게 했으며
삶의 고개 하나하나를 잘 넘게 하였습니다.

내 나라의 짐, 가족의 짐, 직장의 짐, 이웃과의 짐, 가난의 짐,
몸이 아픈 짐, 슬픈 이별의 짐들이 내 삶을 감당하는 힘이 되어
오늘도 최선의 삶을 살게 합니다.

'좋은 생각' 글에서 옮김

아들이 아버지에게 보내는 편지

아버지, 아들 건희입니다. 아버지가 이때까지 저에게 보내주신 편지를 토대로 책을 출판한다 하시기에 저도 오랜만에 아버지께 편지를 써봅니다.

저는 어렸을 때부터 화목한 우리 가족이 좋았습니다. 항상 우리 남매를 따뜻하게 품어 주셨던 어머니와 가부장적이지만 권위적이지는 않으셨던 아버지 밑에서 언제나 행복하게 돌아올 수 있는 저희 집이 좋았습니다. 주변 친구들이 가족간 불화나 다툼으로 힘들어하는 걸 보면서, 사소한 다툼은 있지만 화목하게 잘 지내는 우리 가족 덕에 행복함을 느꼈습니다.

이러한 가정을 만들어 주신 아버지와 어머님께 감사의 말씀을 드리고 싶습니다. 저희 가정이 화목할 수 있었던 바탕엔 원활한 소통이 있었다고 생각합니다. 잘못이 있더라도 서로 의견을 들어주고 수용해 대화를 통해 풀어나가는 방식 덕에 오해를 바로잡고 큰 마찰 없이 문제들을 해결해 나갔다고 생각합니다.

그리고 이런 방식으로 문제를 해결해 나가는 데 아버지의 가정교육과 편지가 큰 영향을 미쳤다고 생각합니다.

저희 가족들은 가끔 웃으며 "엄마는 경상도라 그래"라고 말하곤 했죠. 어머니가 크게 화가 나지 않았으면서도 목소리가 커지고 말이 빨라지는 경상도 사투리 특성 탓에 오해가 생기기도 했습니다. 이럴 때 아버지가 옆에서 차분하게 말을 정리해 주고 다소 기분이 상할 수도 있는 상황을

2024년 8월 용평리조트 여행 때 우연히 가족 요리 경연에 참가해 장려상을 받았다. 대개 초등학생 동반 가족이었는데 우리만 20대 장성한 자녀들이 부모와 함께해 기특하다며 주최 측이 상을 안겨줬다.

부드럽게 풀어 넘어가시는 모습에서 저도 많이 배웠습니다. 그래서 저도 친구들과 지내면서 말로 문제를 해결하는 노력을 하고 있습니다.

아버지가 군대로 보내주신 편지도 이런 소통 방식 중의 하나였습니다. 저에게 하고 싶은 말씀이 있거나 생일 같은 기념일에는 저에게 도움이 되는 조언들을 편지로 보내주시곤 했죠.

이제까지는 그저 아버지가 소통 방식으로 편지 쓰기를 좋아하나 보다 하고 막연하게 생각해 왔는데 그간의 편지들을 모은 이 책의 원고를 읽어보니 아버지가 왜 편지를 꾸준히 보내셨는지를 더욱 잘 이해하게 되었습니다.

또한 그간 아버지가 살아오신 인생을 단편적으로만 알고 있었는데 이 책의 원고를 읽으며 제가 알지 못했던 이야기들을 접했고, 힘드셨던 지난 날과 그로 인한 울분을 비로소 알았습니다. 그러한 역경을 딛고 일어나 우리 가족을 지탱해 주신 것에 대해 감사하고 존경스러운 마음도 듭니다.

아버지의 편지는 저에게 삶을 어떻게 살아갈지에 대해 생각하게 해주는 지침서가 되었습니다. 말로 들으면 그저 잔소리가 될 수도 있는 내용들을 편지 글로 받으면 아무래도 더 침착하고 진지하게 읽게 되고 또 제가 보고 싶을 때 다시 꺼내 보면서 의미들을 되뇌게 되더군요.

그런 편지들을 통해 제가 좀 더 원활한 군 생활을 보낼 수 있었다고 생각합니다. 특히 '메모하는 습관을 들이라'는 아버지의 조언 덕에 사소한 것까지 적고 기억하며 노력하는 모습은 선임들로부터 '군 생활을 열심히 하려고 드는 싹수 있는 신병'으로 인정받으면서 군 생활을 잘 보내는 출발점이 됐습니다.

그리고 군대에서 다양한 사람들을 만나다 보니 어쩔 수 없이 서로 잘 안 맞는 사람도 만나게 됩니다. 그 사람과도 좋은 관계를 유지하고 싶은 마음에 안 되는 걸 알면서도 혼자 끙끙대며 마음고생을 했었는데 아버지의 조언을 읽고 '그저 흘러 가는 사람인데 나 스스로에게 부담을 주지 말자'는 생각으로 마음 편히 임하면서 아무 문제 없이 잘 지나갔던 기억도 있습니다.

우여곡절이 있었지만 아버지께 받아온 조언들을 토대로 군 생활을 잘 마쳤다고 생각합니다. 이제 사회로 나왔으니 사회에서의 제 자리를 찾아 나가야죠. 대학교로 돌아와 보니 군대에 있을 때와 다른 문제들에 직면

하게 되더군요. 앞으로도 여러 문제와 많은 좌절이 있을 수 있지만 이것 또한 경험으로 받아들이며 저에게 다가올 새로운 기회를 위해 준비해 나가는 제가 되도록 노력하겠습니다.

아버지 등에 짐이 있었던 것처럼 이제 저의 등에도 짐이 조금씩 올라오는 것 같습니다. 등을 눌러오는 짐들을 그저 짐짝으로 생각하지 않고 나를 눌러 버티게 하는 삶의 짐으로 받아들이며 힘내어 최선을 다해 살아나가 보겠습니다.

다시 한번 이때까지의 헌신과 편지에 감사드립니다. 아버지, 파이팅입니다!

2025년 2월 아들 박건희 올림

EPILOGUE

이 글을 쓰기 시작할 때는 아들 건희가 군에 있었다. 아들은 대구 50사단에서 훈련을 받았는데 자대는 멀리 울진으로 배치되었다. 입대 며칠 뒤 집으로 아들 녀석이 늘 입고 다니던 낯익은 그 옷이 배달됐다. 아들의 옷을 붙들고 한참 동안 눈물을 훔치는 아내를 달래던 그 순간부터 이후 군에 관한 안 좋은 뉴스가 나올 때마다 가슴 졸이는 시간들이 많았다.

울진에 눈이 많이 왔다는 뉴스에도 신경이 쓰였고, 울진에 산불이 났다는 뉴스에도 마음이 편치 않았다. 가족들과 오래 떨어져 지낸 경험이 거의 없던 아들이 멀고 먼 경북 울진의 바닷가 어느 고립된 막사에서 혼자 집과 가족을 그리워하며 지낼 걸 생각하니 애잔했다.

부디 군 생활을 무사히 잘 마치고 가족들 품으로 건강하게 돌아오기를 마음속으로 기원하며 아들에게 여러 차례 편지를 보냈다. 평소 아들에게 편지를 자주 써온 나의 사정을 아는 지인 형님이 아들에게 보낸 편지들을 모아 책으로 내보라는 권유로 책을 준비하게 되었다.

아들이 군에 있으면 가족 모두의 마음도 그 군대에 가 있게 된다. 24시간 마음이 쓰이고 1년 내내 그 부대가 아니라도 군대와 관련된 뉴스에 가슴을 졸인다. 그래서 아들과 그 동료들, 그리고 앞으로 계속 이어질 병사들의 무사한 군 생활을 응원하는 의미에서 이번 책을 내기로 했다.

수십 년 직장생활을 해온 나도 가끔 이런저런 일들에 속 썩기도 하고, 직원들과 힘든 일을 겪곤 한다. 그러니 낯선 군대에서 당황스럽고 난감한 일들을 겪을 때 아들이 조금이나마 위로를 받고 마음을 정리하는 데 참고가 될 만한 말들을 전해주고 싶었다. 수십 년 전이나마 군대를 먼저 다녀온 경험, 그리고 같은 군인인 의경들과 지내며 고민한 경험을 토대로 힘들 때 참고가 될 만한 얘기들을 책으로 정리해 아들 같은 병사들에게도 전해주고 싶었다.

책을 준비하는 과정에서 개인적으로 승진에 매달리며 시간이 흘렀다. 수차례 편집 방향이 바뀌고 내용을 보충하다 보니 더욱 출간이 늦어졌고 아들 건희는 그사이 제대를 했다. 정말 마음속으로 간절히 기원했던 대로 씩씩하고 듬직한 모습으로 돌아왔다. 너무나 감사하다.

그러나 한편으로는 그동안 준비했던 책 출간이 아직 마무리되지 않아 난감한 측면도 있었다. 확실히 18개월이라는 기간은 과거 내가 군 생활하던 시절에 비하면 짧기는 짧았다.

그러던 중에 마침 친한 친구 국진이의 아들 재원이가 군에 간다는 얘기를 들었다. 재원이는 외국에서 대학을 다녔고 벌써 25살인데 뒤늦게 입대를 한다고 했다. 그래서 이 책은 내 아들과도 같은 재원이를 생각하며 마무리했다. 아기 때부터 봐온 재원이가 내 아들처럼 생각되고 늦은 나이에 군에 간다니 부디 무사히 잘 마치고 돌아오기를 바라던 과거 내 심정이 되살아났다.

아울러 앞으로 군에 입대할 수많은 아들 같고 조카 같은 병사들의 무사한 군 생활을 기원하는 염원을 담아 이 책을 출간한다. 군대라는 낯선 환경에서 가족의 품을 떠나 외롭고 힘든 과정을 겪어내야 할 우리 아이들이 이 책을 보고 조금이라도 마음의 안정을 찾거나 고민을 해결하는 데 작은 힌트라도 얻는다면 더 이상 바랄 게 없겠다.

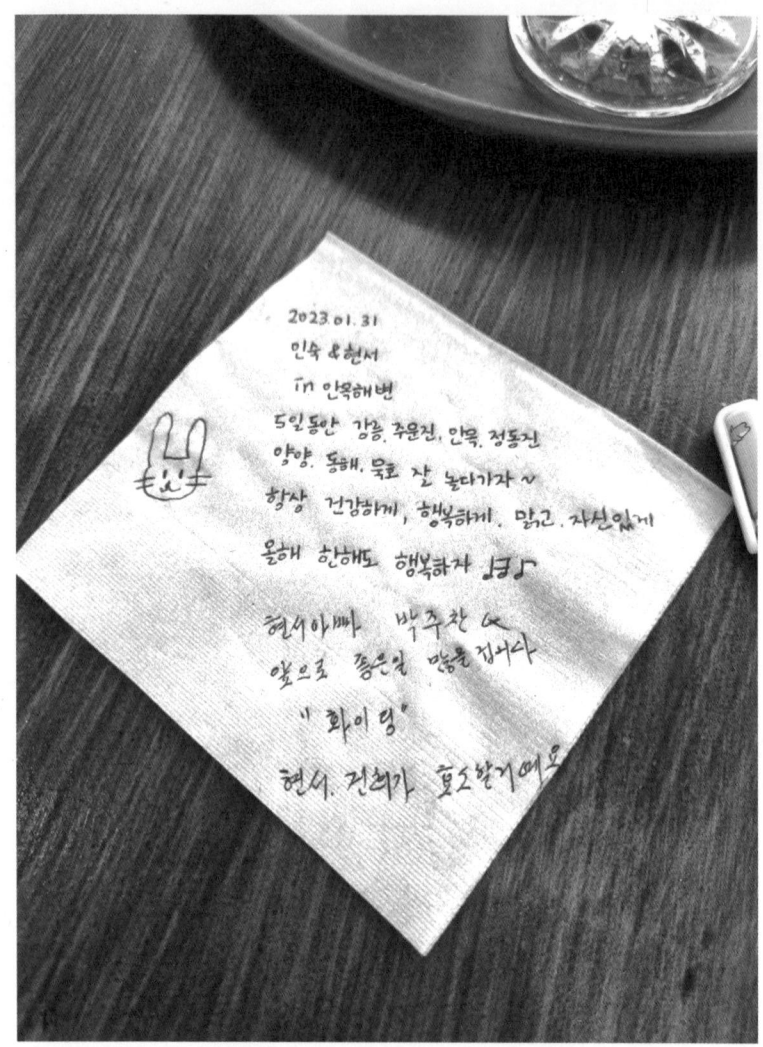

2023년 1월 총경 승진 실패로 힘들던 때, 저자는 동행 못 하고 아내와 딸이 동해안 여행을 갔다. 내가 군에 간 아들을 편지로 도왔듯, 아내와 딸은 냅킨 편지로 나를 위로해 줬다.

1부에는 편지 글에 삽화를 추가했다. 삽화는 만평을 그리시는 김진호 작가님이 그려주셨다. 편지 내용을 그림 한 컷으로 표현한 훌륭한 그림들이다. 김진호 작가님의 열정과 번득이는 재치에 다시 한번 감사드린다.

2부에 그동안 내가 살아온 얘기들을 정리한 부분은 자칫 나의 실패해온 삶에 대한 변명이나 팔자타령으로 들릴까 걱정이 많다. 하지만 군에서 겪을 여러 가지 힘든 일들을 이겨내는 데 조금이나마 도움이 되었으면 하는 바람과 1부에 정리한 대로 그동안 아들에게 왜 그렇게 많은 편지를 써왔는지를 이해하는 데 도움이 되었으면 한다.

요즘 온 나라가 시끄럽다. 공직자의 한 사람으로서 개인적인 성공과 국가에 대한 충성이라는 가치 사이에서 어떻게 행동하는 것이 올바른 자세인지에 대해 다시 한번 고민해보게 된다.

이 책을 쓰는 데 동국대 인문학 CEO 최고위 과정의 박영희 교수님의 인문학적 사유의 가르침이 큰 자양분이 되었다. 아울러 이 책의 제목도 함께 고민해주고 정해주셨다.

또한 이 책을 출간하기까지 여러 사람의 조언과 도움을 많이 받았다. 이 책을 출간하도록 용기를 주신 CNB미디어 황용철 대표님과, 책의 큰 틀을 잡아주신 최영태 이사님, 그리고 여러 편집진께 이 지면을 통해 감사드린다. 아울러 이 책을 쓰는 동안에도 평생 나를 위해 희생해준 처 류인숙과 잘 자라준 딸 현서와 아들 건희의 격려와 응원이 큰 힘이 되었다. 그리고 '멋진인생' 회원들의 응원에도 진심으로 감사를 드린다.

2025년 2월 박주찬 씀